常春藤传记馆

温儒敏／主编

U0891641

发明达人

爱迪生传

于红珍　著

長春出版社
国家一级出版社
全国百佳图书出版单位

图书在版编目(CIP)数据

发明达人:爱迪生传 / 于红珍著. —长春:长春出版社,2017.1

(常春藤传记馆 / 温儒敏主编)

ISBN 978-7-5445-4666-9

Ⅰ.①发… Ⅱ.①于… Ⅲ.①爱迪生(Edison, Thomas Alva 1847-1931)-传记 Ⅳ.①K837.126.1

中国版本图书馆 CIP 数据核字(2016)第 279483 号

发明达人:爱迪生传

著　　者:于红珍
责任编辑:吴冠宇
封面设计:楠竹文化

出版发行:長春出版社　　总编室电话:0431-88563443
编辑室电话:0431-88546966　　发行部电话:0431-88561180
地　　址:吉林省长春市建设街 1377 号
邮　　编:130061
网　　址:www.cccbs.net
制　　版:荣辉图文
印　　刷:长春第二新华印刷有限责任公司
经　　销:新华书店

开　　本:787 毫米×1092 毫米　1/32
字　　数:130 千字
印　　张:8.75
版　　次:2017 年 1 月第 1 版
印　　次:2020 年 4 月第 2 次印刷
定　　价:19.80 元

总　序

温儒敏

十多年前，我主持人民教育出版社高中语文教材的编写，其中选修课就专门设置有《中外传记选读》一种，我自己还动手编写了这本教材。因为受高考"指挥棒"影响，一般学校的选修课未必真能让学生自主选修，很多选修教材编出来都没有使用，但《中外传记选读》一直很受欢迎，每年都有重印。这让我对传记的阅读推广有了特别的关注。

我还注意到最近三四年高考语文试题命制的一种趋向，无论全国卷还是其他省市卷，阅读题往往都选传记作为材料。比如今年（2016年）全国卷的甲、乙、丙三个卷子，文言文阅读的材料全是传记，包括《明史·陈登云传》（甲卷）、《宋史·曾公亮传》（乙卷）和《明史·傅珪传》（丙卷）；现代文阅读的实用类文本也多用传记，节选了《吴文俊传》和《陈忠实传》。可见传记阅读越来越受到重视，考试也有意往这方面引导。

中小学语文教材也应当多选一些传记。现在

教育部正组织编写一套新的义务教育语文教科书，聘我担任总主编，这套新教材就选了不少名人传记，并鼓励学生多读传记。

为什么中小学生要多读传记？我曾在《中外传记选读》的前言中说过理由，这里不妨转述一下：

> 同学们都渴望能拥有健全、快乐和成功的人生，现在的学习阶段就在做准备，而且其本身就已经是你人生经历的一部分。我们该怎样设计自己的人生？当然最重要的还是学习。除了学习文化知识，还要从历史人物或者成功的人物身上学习宝贵的生活道理、人生哲学以及获取成功的途径。这就是励志教育，是人生教育中非常重要的部分。人都需要不断添加生活的动力，特别是在年轻的时候，要有偶像和楷模，有高远目标的激励。如同英国思想家培根所说过的：“用伟人的事迹激励我们，远胜一切的教育。”让同学们从那些杰出的成功的人物身上吸取人生的经验，从前人多种人生道路的选择中寻找我们各自的“契合点”，这就是我们设立这门课的主要目的。

这里说的“设立这门课的主要目的”，其实

也是我们推出这套“常春藤传记馆”丛书的目的。

“常春藤传记馆”丛书由北京大学语文教育研究所组织编写，长春出版社出版。全套丛书初步设定为100种，每本10万字左右，其选目、内容和写法都是为中小学生“量身定制”的。我们希望这套丛书能作为基本图书进入中小学图书馆。和其他同类传记图书相比，“常春藤传记馆”丛书有四个特色：

一是传主覆盖范围广。包括中外古今各个领域的名人，涉及政治、军事、科学、实业、社会活动、文学、艺术、革命等领域。重点考虑有代表性的、在精神层面可以给学生激励的那些名人。

二是和课程教学有呼应。中小学除了语文，各个学科的教材和教学都会涉及中外古今各个领域的著名人物，选择主题首先考虑这一情况，选取学生有所接触又可能希望进一步了解的那些名人。这可以满足学生不同的兴趣爱好。

三是专门为中小学生编写。本套传记不是专业性强的评传，而是重在勾勒传主生平事业贡献的小传，内容和文字力求深入浅出，生动形象，有趣有味。阅读对象接受水平可以定位在初中程度，也可以稍高一点。特别是有些理科方面的传记，主要面对高中生。其实，小学生的课外阅读

也要取法乎上，他们可以读这套为中等文化水平的读者设计的书。

四是内容安排上特别注重励志及健全的人格心理引导培养，在叙说传主生平事迹时，适当地自然地凸显这些方面的思考。

从书取名“常春藤传记馆”，有特别的含义。“常春藤”是一种多年生常绿藤类灌木。美国哈佛大学等几所著名的私立大学，组成体育联盟，叫“常春藤盟校”，其起名是因为这些老校的校舍墙上常攀缘有常春藤。本丛书以“常春藤传记馆”作为标识，是虚拟的意象，可以联想到著名的学府，也可以联想到古代的书院，从而营造浓郁的阅读氛围和宁静的心境。另外，“常春”和“长春”同音，暗含这套丛书是由长春出版社出版的。

但愿广大师生喜欢这套书，也期盼大家提出批评建议，共同来经营好这套书，让“常春藤传记馆”更好地满足广大读者，特别是中小学生课外阅读的需求，满足语文教学的需求。

2016 年 6 月 30 日济南历下

（温儒敏，山东大学一级教授，北京大学中文系教授，教育部聘义务教育语文教科书总主编）

前　言

当夜幕降临华灯初上时，当接通亲朋好友的电话时，当动听的音乐在耳边响起时，当精彩绝伦的电影在眼前呈现时……

你也许会想：是谁将这些带进我们日常生活的呢？是他——发明达人爱迪生，他以疯狂的实验和创新意识，实现了2000余项发明。至今还没有一个人能打破他发明专利数的世界纪录。美国前总统胡佛曾经说过："所有的美国人都是爱迪生的受惠人！我们不仅在生活上接受他的恩惠和利益，最重要的是我们继承了他的精神遗产！"事实上，全人类都是他发明的受惠人。本书主要向读者呈现的就是爱迪生以及他宝贵的精神遗产。

目录 contents

第一章
休伦湖畔的追梦少年

应运而生

历史学家说，“18 世纪是理性时代，19 世纪是科学时代，20 世纪是科学在人类物质的、智力的、感情的和美学的生活的所有方面进行彻底变革性的干预的时代。”正是在那样一个科学与生活日益密切的 19 世纪，大发明家托马斯·阿尔瓦·爱迪生出生了。从此，他的一生与美国乃至全人类的现代化紧密交织在一起。

托马斯·阿尔瓦·爱迪生的祖先是荷兰人，在 1728 年从荷兰阿姆斯特丹移居美洲。祖父约翰·爱迪生因为在美国独立战争中站到了英国军队的一方，所以在英军战败后，约翰不得不带着全家躲到了加拿大的新斯科舍，并在那儿务农、

安定下来。他的儿子——也就是爱迪生的父亲塞缪尔·爱迪生，之后在伊利湖畔的维恩那城经营旅馆生意，并在那里爱上了一位名叫南希的女教师。南希是苏格兰裔的加拿大人，因为她教学认真，受到市民的尊敬。两人在经过一段时间的热恋后终成眷属，于 1828 年结婚。夫妻二人在维恩那城住了一段时间后，迁到俄亥俄州的米兰小镇。

当时的米兰镇，是有名的小麦集散地。俄亥俄州东北部的小麦被运往五大湖，它是必经之地，同时富庶的休伦湖的出口也在这里，所以小镇十分繁华。1847 年 2 月 11 日，就在这个小市镇上，塞缪尔·爱迪生和南希·爱迪生的最后一个儿子降生了，父亲给小男孩取名托马斯·阿尔瓦·爱迪生。托马斯，是承袭他曾参加美国革命的曾祖父的名字；阿尔瓦，则是承袭父亲的好友阿尔瓦·布雷德利——一位船长的名字。这位船长是美国北部大湖中商船的船主，父亲期望孩子能够像这位船长一样有所成就。周围的邻居们都叫孩子阿尔瓦，他的母亲则昵称他阿尔。

刨根问底的孵蛋娃

米兰小镇的山脚下，有一幢带有顶楼小屋的

红砖平房，这座小砖房后来成为现代人们的朝圣地。在阿尔 7 岁以前，他们一家一直住在这里，所以在米兰，有很多小阿尔的轶事传说。

很多人说，他一出生就是个与众不同的孩子。首先，小家伙出世以后几乎从来不哭、总是笑。他有一双灰色的眼睛，亮晶晶的，看起来很聪明。不过他的头看起来特别大，身体很孱弱，似乎弱不禁风。大头难免让很多人怀疑他的头脑有病，他是否有病的这个问题，历史已经给了我们答案，不过这个大脑袋倒真是充满了十万个为什么。

米兰镇因为其繁华，经常会呈现牛车、马车成群结队、连绵不绝的盛况。这时的人们就会看到一个大脑袋的男孩，坐在自家门前凝神地远望着一眼看不到头的牛马车队。

除了像大人般凝思，阿尔还特别喜欢问东问西。所有孩子在小时候都有好奇心，所不同的是，阿尔比一般孩子更为好奇。据米兰小镇的人们回忆，阿尔学会说话好像就是为了问问题似的。他会问父亲："为什么刮风？"塞缪尔·爱迪生回答："因为大自然呀？""为什么大自然会刮风？……""阿尔，我不知道。"阿尔又问："你为什么不知道？"由于他问的问题太多，他家的大多数成员甚至都不想回答。周边的很多人，也经常被他的 N 个“为什么”打败，不得不摇头而去。为此还有一些人断定他头脑真的有病，将来可能成为父母的累赘。

爱追根求源是他向新奇的大千世界求知的钥匙。小阿尔就这样在阅读书本之前，就带着强烈的好奇心阅读生活和社会这本大书，并且呈现出成人一般的耐性和勤劳，对自己好奇的所有事情都要动手试试。

有一天，到了吃饭的时候，父母亲仍然没有看到小阿尔的身影。四下寻找后，父亲在库房中找到他，并见到了这样一幅画面：小阿尔一动不动地趴在放了好些鸡蛋的草堆里。父亲非常奇怪地问：“你这是干什么?”阿尔回答：“我在孵小鸡呀!”父亲又好气又好笑地告诉他，“孩子，人是孵不出小鸡来的。”父亲的答案，依然让阿尔迷惑不解，“为什么母鸡能孵小鸡，我就不能呢?”

因为他的好奇和不断地实验，童年时的阿尔经常惹祸上身。他 4 岁那年，想看看篱笆上野蜂窝里的奥秘，就用一根树枝去捅蜂窝，结果脸被野蜂蜇得又红又肿，几乎连眼睛都睁不开了；他到小麦仓储室里去探险，结果不小心一头栽到麦囤里，如果不是被人及时发现，他差一点被麦子活埋而死；为了考察火的奥妙，他在父亲的农场里玩耍时，点燃了父亲的仓库，想看看到底会发生什么状况，结果仓库化为灰烬，阿尔为此遭到严厉的鞭打。

诸多事情的发生，使得阿尔的父亲也怀疑他是否不正常，塞缪尔总是担心自己的儿子会对别人造成什么麻烦。不断发生的事件也使得附近孩子的父母纷纷警告自己的小孩：不要和阿尔玩！

不过，米兰镇充满好奇和幻想的童年生活，或许已经昭示出他未来走向成功的因素。在爱迪生晚年时，有人问他："人一生成功，最重要的成分是什么？"他的答案是："幻想加上雄心和肯劳苦做工的心愿。"

初露经营头脑

1854 年，爱迪生 7 岁的时候，伊利湖南岸沿湖铁路通车，米兰运河的商船生意大减，米兰镇失却了往日的繁华。父亲塞缪尔的木瓦生意已没有办法再维持下去。为了另谋生计，爱迪生一家不得不告别了小红砖房，再度迁居。他们最终在密歇根州休伦湖畔北郊的格拉蒂奥特堡定居下

来。此时的休伦港，作为木材中心，正处在发展的盛隆时期，锯木厂、造船厂等商业发达，塞缪尔精力充沛地参与到当地的各种事务中，并从事多种行业的生意：经营木材、小麦买卖，种植并贩卖蔬菜，爱迪生一家重新过上了富足的生活。不过小阿尔却在搬到这里不久，患上了猩红热，并病了很长时间。那一年，他母亲没有送他上学，而是让他留在家中玩耍。

这时候父亲塞缪尔开创了一个赚钱的点子，使得小阿尔成了大忙人：他们的新家坐落在休伦港松林中的高地上，这里山清水秀，风景优美，能看到自休伦湖流出的圣克莱尔河。为此，他父亲在家附近的高地上建造了一座塔。这座塔被周边的人称为“爱迪生通天塔”，塔高约 30 多米，有旋转木梯通往塔顶。登塔远眺，水天一色的休伦湖美景一览无余，尽收眼底。通天塔的建造给了小阿尔大显身手的机会，他为“通天塔”散发传单，并成为塔的管理员，负责向游客收取门票。刚开始，参观的人每天多到需要排队，门票每人两角五分。前两个月，一天的进款就有三美元。观光客最多时，每天达到 600 人，小管理员阿尔忙得分身无术。不过好景不长，通天塔的生意很快萧条起来，参观的人数一天天地减少。尽管在小阿尔的建议下，父亲在塔上装置了望远镜，将门票收费也减到一角，但是高塔生意并没有改观。究其原因，因为塔最大的隐患是安全系数太低：刮大风时，高塔不稳，塔中的楼梯也不牢固，为此客人们非常恐慌，这并不是小阿尔能轻易解决的问题。登塔人数日渐稀少，最终，只剩下小阿尔一个人登塔远眺了。

高塔生意失败，不仅没有挫败小阿尔的经营积极性，反倒激发了他对经商浓厚的兴趣。父亲塞缪尔在田园中种植了很多蔬菜，有一天，阿尔告诉父母亲，他想到镇上去卖菜。起初父母不同意，最终架不住阿尔再三做出的承诺，才同意了他的请求。于是，阿尔又开始了贩卖蔬菜的生意。他在家里的马车上装满了新鲜的蔬菜，有葱、莴苣、白菜、马铃薯、红萝卜等等，然后他坐在马车上，开始在镇中沿街叫卖。阿尔为人老实，不好的东西不卖，价钱一般也比别人的便宜，所以生意很不错。受到鼓舞的阿尔又从别的农家买进水果，苹果、樱桃、梨子、葡萄，这些都成为受欢迎的商品。阿尔的生意越来越兴隆，他自己一个人忙不过来，便请了家中的一位少年佣工迈克尔·奥茨（Michael Oates）来帮忙。两个少年合伙经营，瓜果蔬菜的买卖非常红火，一年多他们就盈利600多美元。

从小阿尔最初的经营事业中，我们都看到了父亲塞缪尔的影子。塞缪尔在米兰镇的时候就一直从事生产木瓦的工作。不过，他是个精力充沛的人，并不满足于木瓦生意，他还做贩卖粮食的生意。而且他不知疲倦，总是喜欢探索新的路子，只要他对某一种事业有兴趣，他就立刻付诸实践，执着于自己的这个目标，并努力使其成功。不仅仅在米兰，到了休伦港，塞缪尔依然雄心勃勃地参与到各项事业中。由此来看，对于小阿尔，父亲并不单纯是打骂。就如在通天塔管理与卖菜生意中，作为父亲，塞缪尔非常信任与鼓励小阿尔的各种建议和想法。对阿尔来说，父亲的这种影响就如同是家族基因一样遗传到他身上，它成为一种潜移默化的因素影响着阿尔。因为终其一生，阿尔都像父亲一样带着充沛的精力执着地去追梦、实现梦想。当然在他追梦的旅途中，更大的功劳应该属于他的母亲。

母亲的因材施教

有一句话说，“一个伟大的成功者，必有一

个伟大的母亲。”在爱迪生身上，这同样是至理名言。母亲的教导和培育在阿尔的读书教育上显得尤为重要。

爱迪生 8 岁时才开始上学念书。他所在的学校，只有一个班级，课程设置呆板，限于读书、写字和算术三样基础课程，而校长和老师还都是同一个人。这位老师采用的教学方法是戒尺督教法，学生为此经常遭到体罚。这种传统的教学方法或许对于别的学生管用，但是对小阿尔只起反作用。老师讲课又枯燥无味，引不起阿尔的兴趣。在学校的阿尔依然不改其刨根问底的个性，他经常问同学和老师很多“不可能”的问题。阿尔对于课业方面的问题尤其固执，一个问题没有得到满意的解答，他就不会继续作下道题目。所以，不了解他个性的老师，便把他当作是一位“迟钝”的学生，斥责他是个“糊涂虫”、“低能儿”。有一次，在上算术课的时候，教师讲的是一位数的加法，其他同学都安静地听讲，只有阿尔忽然举手质问说：“二加二，为什么等于四?”对此，老师张口结舌。所以，老师在讲台上讲课时，他基本没有好好地在椅子上坐过：不是在石板上绘画，就是在下面走动，有时甚至还跑到外

面去。所以，他的成绩在班级中基本是倒数第一，老师为此感到很头痛。恰逢上级视察教学的官员到学校来巡视，教员就将阿尔的事情告诉了官员，“这个爱迪生是个‘傻子’，不值得让他再留在学校里，否则只会妨碍其他的学生。”

爱迪生回到家中，对母亲说：“妈妈，我再也不踏进学校一步了。老师说我是个‘傻子’。”作为一个备受爱戴的教员（彼时的南希依然是一所女子学校的教师），母亲南希非常生气，她拉着爱迪生的手来到学校，当面责备那位教员：“我认为阿尔比同龄的大多数孩子聪明，你这种做法不是正确对待学生的方法。我会自己教导我的阿尔，让你看看他会成为什么样的人才。”

是的，在母亲眼中，阿尔不但不是傻子，反倒执着、勤劳、耐心、敢作敢为，时时表现出非常优秀的品质来。所以回到家中的母亲这样问阿尔：“老师说你是劣等生，你为此觉得羞耻吗?”爱迪生回答说：“我并不认为羞耻，妈妈，我只是觉得悔恨。”他接着又说：“可是我要知道的事，老师一点也不教我，我不想知道的事，他偏偏又教我。”母亲接过他的话说：“阿尔，老师说你是低能儿，妈妈当然并不这么认为。不过，妈妈今天在老师面前已经发过誓了：妈妈在家里会好好地教育你，让你成为一个像样的人才。阿尔，你呢，你能不能像妈妈一样发这个誓呢?”阿尔说：“妈妈，我答应您，我一定会做一番大事业!”

爱迪生自己曾经这样说：“我在早年就体会到慈母是如何有益。那个学校教员叫我‘傻子’时，母亲来到学校为我极力辩护。就在当时，我决定要为她争面子，不能辜负她对我的期望和信任……如果没有她对我的期望和信任，我不会成为一个发明家。”①

小阿尔在学校的时间还不到三个月，就这样离开了学校教育。母亲南希成为他的“家庭教师”，对他因材施教。作为一个具有高超教育才能的教师，南希认为，多思比简单地死记硬背更重要，所以只要阿尔看得懂的书，不管多难的，都给他看。母亲还给他制定了严格的学习计划。无论是冬天还是夏天，在其他孩子玩的时候，他都必须坚持每天学习。他的母亲把家庭教育办得

①[美]弗朗西斯·特里维廉·米勒：《人类惠师爱迪生》，春风山译，北京：现代出版社，2012年版，第33页。

生动活泼：春天，树木抽出嫩枝时，她和儿子坐在屋门前，边晒太阳边上课；夏天，在一片葱绿的庭院里，母亲和儿子会来到高高的瞭望塔上，一面纳凉，一面读书；秋冬时节，天寒夜冷时，她又与儿子围着火炉授课，有时爱迪生的父亲也会和孩子们一起围坐在火炉边，听他母亲滔滔不绝地讲述各种知识和故事。

在母亲的亲自指导下，爱迪生如饥似渴地汲取着人类先哲的智慧思想。他喜欢文艺小说，短短几年时间，他几乎读遍了当时的经典文学：莎士比亚、狄更斯、司各特、笛福等作家的作品。他在读完《鲁滨孙漂流记》时，就野心如焚地去模仿鲁滨孙：只留下绳子和木板在荒岛上，制造自己需要的物品。《大卫·科波菲尔》中饱受挫折的大卫不屈不挠的奋斗给了他奋进的动力。他还非常喜欢维克多·雨果，当读到《巴黎圣母院》时，他深深地为钟楼怪人所打动。自此后，他就成为雨果这位法国新文豪的热心读者。甚至因为痴迷于雨果，同辈朋友给他起了个“维克多·雨果·爱迪生”的绰号。

爱迪生一点点感受到读书的乐趣和重要性，他啃下了很多硬骨头。阿尔在 10 岁时就读完了很多历史书，吉本（Gibbon）的《罗马帝国衰亡史》、休谟（Hume）的《英国史》、席尔（Sear）的《世界史》，他还读过托马斯·潘恩（Thomas Paine）的著作。很快，爱迪生被潘恩的真知灼见所吸引，这一直影响了他一生。哲学书籍，他通读了柏拉图、苏格拉底等的著作。到他10岁时，他已经能像个权威的学者一样，给自己的小伙伴们讲他阅读过的各种书籍：《圣经》、莎士比亚、柏拉图等等的著作，他仿佛成了一部移动的“百科全书”。

科学书籍更是他所喜欢的。世界上各大发明家及其发明他都能熟记在心。到9岁时，他能迅速读懂难度较大的书，如帕克（Richard Green Parker）写的《自然与实验哲学》。这本书有好几百页，关于那个时代的科学知识，从蒸汽机到氢气球等，差不多都已包含在内。即便对于中学毕业生来说，这也是一本有难度的书。但对爱迪生来说，这本书就好像向他打开了一个崭新的世界。他对此甘之如饴，认真读完了这本名著。后来，爱迪生曾回忆说：“《自然》是我第一次读到的科学书籍，那时我还不到10岁。”之后，他还读了伯顿的《忧郁分析学》和《科学字典》。他当时吃力啃完的《自然哲学的数学原理》对他未来的发明之路更有着深远的影响，牛顿的这本书教他重视实践，而不是理论。也是因为这一点，当他后来已经成为一名伟大的发明家时，科学界却在很长一段时间里不承认他的成就。因为读了牛顿的这部杰作，爱迪生开始蔑视数学。爱迪生后来回忆说，“我立刻得出结论，牛顿如果少知道些数字问题，他的知识面就会更宽。我从此开始讨厌数学，并一直不曾恢复起对它的好感……我把数字看成是一种数学工具，可以用它完成推理的逻辑结论，但它并不能帮助人们理解这一结论。”① 他甚至在后来还说过更狂妄的话，“我能雇来数学家，可他们不能雇我。”这自然有些偏颇，毕竟他以后的很多实验都需要借助助手的数学能力才能取得更好地进展。但不得不承认，爱迪生后来在财富的积聚上远远超过了大多数数学家，这的确是因为他重视实践、夜以继日地实验的结果。

科学女神走进他的生活

你见过灿烂耀眼、点亮星空的烟花吧？见过

①李云玲：《爱迪生的故事》，光明日报出版社，2012年版，第8页。

山林远处闪闪烁烁、有点诡异的“鬼火”吧？见过会跳舞的小木炭吧？见过玻璃上美丽的图案吧？……生活中有太多奇妙的事情，而这些可都是奇妙的化学现象喔！它们也像吸引你们一样吸引住好奇、爱幻想的小阿尔。而在母亲的因材施教下，化学开始成为他追梦科学女神的第一步。

阿尔是什么时候开始对化学的奥妙发生兴趣的，这个准确的时间点不好把握。不过有一件事情是确切的：阿尔在经营中赚的钱，很多用来购买了当时市面上的化学课本和各种药品，于是阿尔家的地窖就成为他专用的实验室。他向当地的店主要了许多空瓶，汇集起来大概有 200 多个。他在每个瓶子里装了不同的化学药品，而为了避免有人乱动药瓶，他还在每个瓶子上贴上“毒药”的标签，然后他就根据手头边的化学课本，开始各种实验，成为一个实验小狂人。他认为只有亲自实验证明的，才能相信是正确的。

当科学女神以化学的身份显现时，她是那么美丽、那么迷人，但她又是那么难以捉摸，经常喜欢制造出一些小麻烦。所以实验狂人家的地窖多次被搞得险些爆炸。不过最险的一次，倒霉的却是那个可怜儿——阿尔卖菜时的经商小伙伴迈克尔·奥茨。有一次阿尔到父亲塞缪尔的碾坊去玩，他看见碾坊正在用一个气球做一种飞行装置实验，这个实验使阿尔入了迷，产生了灵感。他想，既然气球充气后可以在天空飞翔，那人为什么不可以？如果人的肚子里充满了气，一定会升上天，那该多美妙啊！

几天以后，他把几种化学制品放在一起，配成一大份药剂，然后游说他的好伙伴吃下去。奥茨吃了阿尔配制的化学制品后，捂着肚子在地上不断扭着身子大叫着，疼得几乎昏厥过去。楼上的家人听到声音后，赶忙跑到地窖来。这时的阿尔还在准备取别的药品来看如何“帮助”奥茨呢！他似乎认为奥茨飞不起来是奥茨的失败，不是他自己的失败，因为书上说“按照普通原理，如果你第一次不成功再试试别的”。喔，可怜的奥茨！

毋庸置疑，阿尔又吃了一顿“竹笋炒肉”，他自己被父亲打得差点飞起来。母亲当然一如既往地同情小阿尔，不过她也告诫阿尔不能随便在朋友身上做实验。另外，如果他实验后杂物零乱地放着不加整理，她就会把他的仪器药品统统清扫出地窖。尽管阿尔已经在每个瓶子上贴着“毒药”字样警戒他人，但母亲仍然觉得这样有危险，所以要求他随时把实验室的门锁起来。

为实验筹集资金——报童和小贩

因为购买化学药品和仪器等，爱迪生之前积攒的钱已经所剩无几。此时，报纸上又登载了用电报线连接美国的电报员的故事。对一切事物感兴趣的爱迪生，对电报以及与此有关的电又发生了兴趣，他需要钱买电器装置。父亲塞缪尔的生意现在经营得一般，家里也没有足够的钱供他随心所欲地做想做的事。1859 年，爱迪生 12 岁时，大干线铁路部分通车，这为爱迪生提供了机会。他对家人说：“我需要钱财。我要创造事业，必须有很多钱。我要做一份长期工作，每天在我不念书时，我可以工作。”母亲问他打算做什么工作？爱迪生回答说：“我会在大干线火车上做报童，贩卖杂志、新闻报纸。这样既能赚钱，还可以不花钱看报。休息的时候，还可以到图书馆看书。”

父母亲开始非常反对。母亲觉得，儿子年纪尚小，不需要出去赚钱。况且，去火车上工作，可能会很危险——万一火车出事故怎么办？阿尔在底特律等候火车时遇见坏人怎么办？还有，夜

间工作要很晚才能休息……这些想想就可怕。父亲也觉得可以养活儿子。但是阿尔坚持自主创业，挣钱扩充自己的实验室。经过和父母的讨价还价，他终于在休伦港驶往底特律的早班列车上当上了报童。火车上的这份工作是没有任何报酬的，不过是一种经营权。爱迪生可以买下食品、书报杂志等，然后在火车上再用高一点的价钱卖出，赚取差价。

这辆列车在早晨 7 点从休伦港出发，10 点抵达底特律。下午五点半又从底特律往回开，到了晚上九点半才回到休伦港。爱迪生的这第一份专职工作并不轻松，12 岁的小阿尔需要每天早上 6 点起床，晚上 11 点才能睡觉——一天奔波接近 17 个小时。但为了实现自己的科学之梦，阿尔毅然开始了在火车上的奔波劳碌，小小年纪的他却将这样的生活安排得紧张充实。

第二章
为逐梦而奔波的生活

天才的报童与小贩

在休伦港—底特律的列车上，人们每天会看到这样一幅情景：一个小男孩穿梭在人群中，兜售着自己的报纸。他个子不高，大概 80 磅重，有一对蓝色的眼睛，顶着一头蓬乱、棕色的头发。他穿的衣服并不新，甚至常常衣衫不整，却似乎不在意别人如何看他。即便穿着不讲究，人们也都觉得这个勤快的小男孩挺讨人喜欢，所以他的报纸卖得不错。

不得不承认天才就是天才。早在之前的高塔生意和蔬果生意中，爱迪生已经显露出他聪明的经营头脑，而如今列车上的买卖更凸现出他的经营能力。最初的时候，爱迪生是单打独斗，在列

车到达底特律后，他会跑到报馆批发报纸，以备在列车返途中贩卖。后来，他看到其他小孩子在他叫卖报纸时很好奇地围观着，甚至有时会自动地跑来帮他叫卖，所以他决定开一个“定期报”店铺，类似于现在的报纸摊。他雇用了几个儿童，有的负责街上叫卖，有的负责往订报的客户家送报。几个月之后，他又把自己的蔬菜生意做到火车上，开起了蔬果店铺，贩卖各种应季蔬菜、水果。后来负责“定期报”店铺的儿童管理账目不清不楚，私自吞钱，在发现这种欺骗行为后，爱迪生就把“定期报”店铺关掉，专心地经营蔬果和列车上售卖报纸的生意。这个少东家对他的合作人都很不错，常请他们吃饭。因为爱迪生的经营头脑和他的忠诚老实，他的生意做得越来越风生水起。

后来，从底特律到格拉提渥加又开通一趟铁路线，列车同样是每天早发晚回。阿尔的生意版图又扩展到了这辆列车上。他雇用了一个报童“进驻”到这辆车上。之后，他又不断地增加经营品种。他将农夫们托付给他的新鲜奶酪运到底特律去贩卖；浆果成熟季节，他用低价批发浆果，然后转卖给底特律的果商；他还贩卖各种应季水果。他卖的各种东西物美价廉，再加上人们对这位出色的年轻商人的钦佩，他的顾客很多。

爱迪生天才般的经营，自然让他的盈利相当可观，他每天能收入好几美元，相当于当时一个成年人的收入。但他从没乱花过一分钱，甚至可以说他对钱从来就不是很感兴趣，他只是关心钱能买什么东西。当年和他一起卖报的儿童回忆说："他总是不留心细算他的钱财，当我们把赚利给他时，他就往衣兜里一搁，走出去买些药料来。有一次我让他数钱，但是他说，'喔，不要紧，我想不会错的。'"① 是的，让他魂牵梦绕的依然是他的科学女神。

我为实验狂——全球首家在列车上的实验室

工作初始的阶段，在火车停留底特律的 6 个小时内，爱迪生都会尽快把各项事务料理好，然后跑到图书馆如饥似渴地读书。他依然记着母亲要求他多读书的教诲，所以不论刮风下雨，也不

①[美]弗朗西斯·特里维廉·米勒：《人类惠师爱迪生》，第 38 页。

论身体多么劳累，他都坚持不懈、从不耽误。因为他天天去图书馆，图书馆的管理人员也都认识了这个男孩。一天，管理人员问他读过多少书了？爱迪生说：“我已经读完第一架上的两层书了。”管理人员听后，不禁哈哈大笑，然后严肃地说：“我看你先后读的这两本书，内容是毫不相干的呀！你读书的目的是什么呢？”爱迪生说：“我是按照书架上的次序读的。我想把这里的藏书全部读完。”管理人员非常佩服少年爱迪生读书的毅力，但认真地劝他：“你的精神真令人钦佩，但读书要有个明确的目的，什么书都看，效果不好。你以后选定一个目标，围绕着这一目标看书才好。”

管理人员的劝告，让爱迪生深受启发，他开始懂得了学习要有明确的目的。从那以后，他在广泛阅读的同时，更加注意学习方法。看书成为让爱迪生十分开心的事，他甚至为此立志：“长大后，我一定要盖一间很大的研究所，里面有这么大的图书馆和这么多的藏书。”为了实现这个理想，拼命工作的爱迪生晚上一回到家中，即便已经筋疲力尽，他也依然埋头于各种实验。实验中一旦有搞不懂的地方，他就记在笔记本上，第二天再到图书馆去查找有关资料。读书——实验——再读书思考——再实验。爱迪生每天乐此不疲地循环往复，完全陶醉在对各种新知识的探索中。

即便如此，爱迪生仍然不满意。他经常在读书的时候，就产生灵感和冲动想迫不及待地动手实验，却苦于手头边没有仪器，只能白白地浪费掉好多金点子。爱迪生觉得这是浪费时间。最后，这位实验狂人终于想到一个好办法：将实验室搬到列车上来。

爱迪生所在的列车是一列载客车，有储藏室、抽烟室和载客室 3 节车厢。其中的储藏室又被分成 3 个小房间，一间放货物和旅客行李，一间放邮件，另一间则用做休息室。休息室因为空气不流通，基本没有旅客来休息，所以这里就成了一个空房间，成为爱迪生摆放报刊书籍及其他物品的地方。爱迪生决定把这个空间打造成一个实验室。

有了这个念头后，爱迪生马上就去找列车长商量，顺利地借到了那间休息室。第二天，爱迪生就迫不及待地从家里搬了些实验器材和药品到列车上进行实验。他卖报以及糖果蔬菜赚的钱全部用在购买实验器材和药品上。终于，全球首家在列车上的实验室成功开设。爱迪生依旧卖力地赚钱，不断扩充实验室。工作之余，他就忘我地投入到自己的实验上。

一旦投入实验，就需要小心盯着实验管内的药品反应，这样阿尔自然不能在列车内跑来跑去地卖东西，为此阿尔又想出了一个办法：一般周末的两天，上学的孩子们都放假，阿尔便雇用这些小学生们做临时工。由此，阿尔在周末的这两天完全解放，可以随心所欲地做实验，这列车厢彻底成为爱迪生的“私人领地”了。当然，年纪轻轻就踏进社会的爱迪生颇懂得人情世故，为了感谢列车上工作人员对他工作的宽容，他经常会将生意的盈利分给铁路工作人员及其家属。

敏锐捕捉到商机

1861 年，美国发生南北战争。凄惨的战事给全美人民带来悲痛，敏锐的爱迪生却从中嗅到了报纸发展的机遇。他发现只要报纸上登载有内战的相关战事消息，列车上以及车站中的人们就会争先恐后购买，报纸很快就售罄。那段时间，他几乎垄断了那条列车线上的报纸事业，他不得不多雇用几个报童。有一次，他在底特律看到很多人围在一个布告板前，阅读上面登载的战役信息，比如某某将军阵亡，某某战役北部军队溃败等等，他不由得想起之前在高塔生意中所做的宣传策略。他想假如他能预先获知战争的相关消息，然后再提前做一番宣传，那样岂不是会吸引更多的购买者？一旦兴起这个念头，他马上展开行动。

他首先想到的就是电报。他先跑到底特律车站的电报室与电报员商量，希望电报员能够首先将各种战事消息的大标题传送给沿途的站点，然后请人张贴在布告栏上。开始的时候，电报员非常犹豫，爱迪生就游说他："拜托你了，像这种消息，大家一定都非常关心。而且如果你答应这样做的话，我会每天送一份你想看的报纸给你，免费让你看三个月。"电报员最终爽快地答应了及时发送电报。

宣传搞定后，接下来要做的事就是去批发报纸。阿尔跑到《底特律自由报》报社，对报社的人说："打扰了，我有件非常要紧的事情想要见报社主管。"他很幸运地被领到办公室。他对其中一个人说："今天我想要 1000 份报纸，但是现在我只有 300 份的钱，不够的等明天再给您。"这

个人很抱歉地说他不能赊账，必须支付现金。爱迪生便把自己的想法告诉报社的另外一个人，新闻记者威尔伯·F·斯托里——后来是芝加哥时报的创办者，他非常欣赏爱迪生，答应了爱迪生赊账的请求。

阿尔顺利地拿到了1000份报纸。他雇用了两个孩子帮他一起把报纸从报馆运到火车站。火车从底特律驶出后，他们就争取时间，尽快将报纸折叠起来，以便于顾客购买的时候更快捷便利地递交给对方。

火车停靠的第一个小站是尤蒂卡小镇。平常时候，在这里一般只能售出两份报纸。爱迪生想即便这次可以多卖几份，应该也不会太多，所以他仅仅准备好6份报纸。但是当火车徐徐驶进月台的时候，他竟然看到有一群人站在月台上。开始他还以为这些人是旅客，但是当火车停下来，这些人却纷纷拥向他争购报纸——电报宣传起作用了！这一站，爱迪生售出去40份报纸。

下一站是克莱门斯山镇。“汹涌的人群”再次等候在月台上。这次，爱迪生将每份报纸的价格由5分涨至一角钱。以这样的价格，平常只能售出12份的小镇，这次竟然售出了150份。接下来的停靠站，即便价格一点点在上涨，大家依旧纷纷抢购报纸。

为了分秒必争，爱迪生还想了一些招数，比如提前跳车。“我常在离车站四分之一英里的地点，当火车行驶很慢的时候跳下火车。我预先把几袋沙子拉到那个地方，这样我跳下来时不会受伤，并且我已成了跳车的老手……火车还正在慢行时，我把所有的报纸推下车去，随后我也跳了下去。”拼命三郎爱迪生啊！

这样到达休伦港站的时候，报价已经涨至2角5分。爱迪生将剩下的一些报纸放在等候在那里的马车上，驾车的当然是他忠实的小伙伴奥茨。他们还临时雇了一个小男孩坐在车后的报纸堆上，以防被人偷窃。两个人赶着马车沿途叫卖，经过一个教堂时，正好赶上祈祷会结束，所有人都从教堂里走出来。当他们听到爱迪生的叫卖声后，也都纷纷掏钱买报。有的人甚至不惜花一美元买一份报纸，只求先睹为快，报纸很快卖得一干二净。

这一天，1000份报纸全部卖光了。阿尔一下子赚到一大笔钱。自从他卖报以来，这无疑是盈利最多的一天。

创办铁路特色报

这次卖报的成功，更加坚定了爱迪生对电报的喜爱。他说：“由此，你可以理解我当时为什么会把电报看成是最好的发明了吧。因为正是各车站在布告栏上写了电文，才有如此巨大的成功。于是我毫不迟疑地决定要成为一名电报员。”[1] 不过此时，他卖报的钱依然远远不能满足他购买电器实验器材的需要，他还得赚更多的钱。

长期卖报的经历，使爱迪生看到新闻报纸行业的发展潜力。尤其南北战争期间的卖报经验，使他深深地体会到：报纸上的消息愈新颖，销路就愈好。即便是和平时期，搭乘火车的人也希望借助有趣的读物来缓解旅途的孤寂和无聊。所以，爱迪生认为，如果他能自己发行报纸，销路肯定不错，也能赚更多的钱。发行报纸并不容易，爱迪生以实际的行动一步一步攻克办报的难关。首先印刷报纸需要有印刷机，一台新的印刷机价格昂贵，是爱迪生买不起的。后来，他在路边的商店里看到有一台旧的小型印刷机在出售。

---

①李云玲：《爱迪生的故事》，光明日报出版社，2012 年版，第 12 页。

他跟老板讨价还价，最终以几美元的价格买了下来。老板J·A·罗伊斯还由此成为他的朋友。

印刷机有了，接着需要解决的是策划报纸刊载的内容以及撰稿人的问题。在报纸内容上，爱迪生非常有自知之明。如果他的报纸像大报一样登载战事新闻或者其他大事，他肯定竞争不过大报纸，还不如登载列车上以及沿途的各小镇发生的新闻，办一份有铁路“大干线”特色的报纸。那谁负责收集沿途的信息呢？沿途各个站点的电报生。爱迪生聘请他们作为新闻记者，把乡间新闻记录下来并发送给爱迪生。最后再由爱迪生负责新闻的撰写。

万事俱备，爱迪生终于实现了自己发行报纸的梦想。他的工作也更加繁重，因为他一身兼数职，主编、发行人、撰稿人、印刷工人、报童等，办报的全过程几乎全部由他一个人包办。尤其开始的阶段，爱迪生不懂报纸的撰写方式，写一份像样的新闻报道并不轻松。不过，在爱迪生的字典里似乎找不到“气馁”这两个字，他买来很多份大报，仔细分析研究它们的撰稿方式。以前阅读积累的文章底子发挥了作用，爱迪生很快就能写出一篇篇好新闻了。

因为新闻收集和撰写报道需要花费一定的时间，爱迪生决定一周发行一次，他把这份报纸命名为大干线《先驱报》。报纸比其他报纸版面小，但内容却并不缩水。从爱迪生家族中保存的唯一一份《先驱报》来看，周刊有各类版块：本地精英介绍大干线上优秀机师；能者多劳——介绍的是普通的行李搬运工；没有成功——报道了一个屡次在铁路上行骗的人最终伎俩被揭穿的事件……报道写得跌宕起伏，富有教育意义还有诸如某某先生的妻子在火车上生子的消息；有旅客们都关心的所有列车的时间和行程的安排；还有类似于现在的“今日菜价”，告诉居民瓜果蔬菜及肉禽类的价格行情，很亲民；当然还有广告，比如给酒店、旅行社打的广告。对于行进在大干线上的旅客和工作人员来说，这显然是一份内容非常丰富、实用、亲民、饶有趣味的报纸。周刊每月发行约 400 份，每份 8 美分。

这份特色鲜明的报纸引起了其中一位乘客的注意。英国的大工程师乔治·史蒂芬森[①]偶尔搭乘了这列火车。他被小报独特新颖的思想和撰写

---

①乔治·史蒂芬森，George Stephenson，1781－1848，英国著名的发明家，蒸汽机的发明者。

方式所吸引。他对爱迪生说："年轻人，你这份报纸与比你年龄大一倍的人所主编的报纸一样好，我想买 1000 份带回去。"接到这样的大订单，爱迪生非常高兴。他放下手头边的其他事情，动用了自己实验室和印刷所的所有能力，赶印了 1000 份卖给那位工程师。这位英国工程师把《先驱报》带回英国后，还在世界第一流的《伦敦时报》上赞美爱迪生的这份小报——第一种在火车上出版的报纸。

爱迪生在报纸业的挑战取得了胜利，乘胜追击的话，说不准他可能会成为享有盛名的报界大亨。但命运女神显然另有安排。

祸不单行

初战告捷后，爱迪生有一次和别人商量要怎样才能增加周刊的发行量，有个人提出建议，"想增加发行数，要多刊载一些读者喜欢的杂谈。人们都喜欢知道他人的秘密和失败经过。如果有这一类的内容，大家觉得有趣，就会买了。"阿尔没有太多考虑就接受了这个建议，他把原本的周报扩展为一份新报纸，并命名为《波尔密探》。当时的人一看报纸的名字大概就知道报纸刊载的内容，因为波尔是当时作家所写的喜剧中的一个有名的人物，这个人物是一个非常狡猾的密探。爱迪生的“密探”则是致力于窃听传播在周边市镇上的一些趣闻或他人失败的经过，极尽嬉笑怒骂之态。

这份报纸类似于现在狗仔队做的事情。人性就是很奇怪，多数人喜欢窥探别人隐私，报纸很快抓住人们的眼球，受到读者欢迎，发行量也不断增加。不过，后果也很严重，不少被刊载的人为此非常恼火。终于，休伦港的一个人因为被登在《波尔密探》上火冒三丈。有一天傍晚，他在圣克莱尔河旁遇见爱迪生，他上前揪住爱迪生一顿臭骂，最后又把爱迪生丢进圣克莱尔河。爱迪生差点淹死，之后没多久，阿尔就停止了报纸的发行。

更大的不幸即将来临。爱迪生在辛苦地经营报纸之余，并没有放弃自己的实验，火车的休息室已经摆满了各种化学用品。这个时候的他正沉醉于卡尔·弗雷泽紐斯①主编的《定量分析》，只

---

①卡尔·弗雷泽纽斯，德国人，19世纪分析化学的杰出人物之一。他创立一所分析化学专业学校（此校至今依然存在）；在1862年他创办德文的《分析化学》杂志，由其后人继续任主编至今。他编写的《定性分析》、《定量分析》两书也被译为多国文字。

要有空暇，爱迪生就按照书本埋头于化学的研究，摆弄着电池和各种瓶瓶罐罐。有一天，火车开到离休伦港约 10 公里的地方，可能是因为铁轨铺垫不平，车身突然震动，摆放在行李架上的行李也不受控制地晃动起来。正埋头做实验的爱迪生忽然听到砰的一声，原来是实验室里放磷块的玻璃瓶从架子上掉下来摔得粉碎，磷块因摩擦马上燃烧起来，瞬间把车厢地板也烧着了。反应过来的爱迪生，连忙脱下身上的衣服，想扑灭大火，但是火势很大，愈烧愈烈，整个休息室很快淹没在火海中。正当爱迪生束手无策之时，看到滚滚浓烟的列车长赶过来，提来几桶水把大火熄灭了。列车长亚历山大·史蒂文森一直对阿尔很友好，但看到一片狼藉的休息室，也不由得大发脾气。他骂了阿尔一顿，并重重地扇了这个少年几个耳光。在火车到达下一站点克莱门斯山站时，余怒未消的列车长将阿尔的东西：印刷机、铅字、各种实验用具、书籍等，但凡能抓到手上的，统统都扔到车厢外，然后大发雷霆地喊着："火车里一刻也不能再留这种危险的东西了，你快下车！"阿尔被勒令下车。

最悲惨的是，列车长的那几记耳光可能导致

了爱迪生的耳朵失聪。至少他本人曾一度默认这种说法。不过在他晚年的时候，他却对此做了更正。他说："或者在史蒂文森打我以后，我耳聋病就开始了。但是我的耳朵加重变聋了是我正站在史密斯车站时，两手抱满报纸，试图爬上货车去，差点被甩了下来。一位列车员过来要帮我，他抓住了我的双耳，把我往上提。就在那时候，我觉得我的耳内有东西折断的声音，从那时起，我就聋了……"①

当然，也有说他的耳聋是因为 7 岁时得的那场猩红热的后遗症。不管怎样，爱迪生耳朵变聋了。他呢，却又能变害为利，他自己说，"耳聋对我或许是一种福分，因为我可以从此免受一切喧扰而专心致志地做事。"这就是积极乐观的爱迪生，时刻都能化悲痛为力量。

重整旗鼓

爱迪生列车上的实验室和报纸业以如此凄惨的结局夭折。看着眼前成为一堆破烂物的旅行实

---

①[美]弗朗西斯·特里维廉·米勒:《人类惠师爱迪生》，第 55 页。

验室，走投无路的阿尔只能回到家中。一路上人们对他指指点点。此时，他在火车上闯祸的事，在家乡已经人尽皆知，甚至还有人添油加醋，说他差一点烧掉整列火车。母亲南希依然选择相信儿子并非有意为之。她站在门口等着儿子的归来。所以当爱迪生走到家门口的时候，看到的就是母亲那急切地等待他的瘦弱身影。爱迪生心中的委屈和痛苦，顿时烟消云散。就如安泰神[①]在大地母亲盖亚那里能汲取到无穷的力量一样，爱迪生在母亲的怀抱中，同样汲取了新的力量，浑身充满了干劲。

实验狂人重整旗鼓，家中的实验室又重新开始。不过家里人这次提出了要求，为了安全起见，他的实验室由地窖搬到顶楼上，地窖里只堆放器材和杂物。这样即便发生意外，也只会把房顶炸落。瞧瞧，爱迪生的父母多么宽容啊！不仅母亲相信他能照料好自己的事业，就算是父亲也

---

①安泰俄斯，古希腊神话中的神祇之一，地神盖亚是他的母亲。安泰在格斗时，只要身不离地便可源源不断地从大地母亲身上吸取力量，因而能够击败任何强大的对手。不幸的是，他的对手赫拉克勒斯发现了这个奥秘，他将安泰弄到空中，将其扼死。

完全相信他可以管理好自己。他很自豪地喊着："阿尔不会有差错！他不会发生什么事的。放心，上帝会照顾他的。"

在这个新的实验室里，他又购置了一些新的试管、药物、简单的电报仪器，以及到处搜罗来的电线，爱迪生开始进行他的电报实验。

不过说到电报实验，还需要提及一个小插曲。那就是阿尔和小伙伴所玩的一种游戏。早在爱迪生阅读帕克的《自然与实验哲学》时，他就对电报业产生兴趣，甚至已经依照书中所写，装置仪器、架设电线、进行电报实验，而在孩童们之间也常常玩一种"电报游戏"。当时成千的美国孩子或在自己家的地窖中或在顶楼或在小木屋中进行着这不可思议的电报实验。爱迪生当然是其中的一个，当时的他还有一个崇拜者，名为詹姆斯·坎西，是爱迪生邻居家的小孩，他对电报术也特别感兴趣，两个人协力工作。商店中并没有现成的可买到的电报材料，什么都得靠他们自己做。两人收集了很多铜丝，然后将铜丝攀在他们两家的屋顶上。他们在树枝上离地七八尺处把电线架设起来，用玻璃当作绝缘器。电磁线圈的电线外面包了些破布，算作绝缘，小铜簧片用来充当发报机键。不过，电源的问题是最难解决的。

他们首先想到摩擦法。据说，他们捉住了许多只猫，想摩擦猫皮产生电流。结果，猫被用力摩擦后，挣扎着脱离了阿尔的手逃走了。“用猫”发电除了留下一条一条血迹，什么都解决不了。至于“用猫”摩擦生电的故事是否真实，那只能是一桩公案了。

阿尔毫不放弃，在努力钻研书本后，他又自己动手制造了简单的电瓶。功夫不负有心人，电瓶终于可以产生电流了。一天晚上，两人开始实验通报，坎西在电线那头发报，阿尔在电线这头收报。长短不一的嗒嗒声，在夜深人静时分显得格外清脆悦耳。电报机竟然开始工作了！他们非常兴奋，连续几个晚上都工作到很晚。父亲塞缪尔担心儿子的身体，明确规定他必须在晚上 11 点睡觉。

那个时候阿尔还在火车上卖报，等他回到家稍微收拾下，时间就到了 11 点钟，如果这样，意味着他没有什么机会做实验了。聪明的阿尔想出了一个计谋。平常阿尔晚上回家时，总会给父亲带回他想看的《底特律自由报》。阿尔就思索着把这些新闻像底特律报馆那样经过电报线传进屋内。坎西负责发送，阿尔负责接收，这样 11 点必须睡觉的规定就可以取消了。

这天晚上回来后，他告诉父亲报纸全都卖完了，不过他能通过电线把新闻接收过来。习惯了看报的塞缪尔只好说：“那你试试看吧。”

因为事先已经和坎西约好了，所以一旦接收到阿尔的信号，坎西马上回电。他们的设备简陋，电报技术也有很多驾驭不了的，他们自然不可能把信息都发送过来，阿尔完全是凭着自己的记忆将各种战争的消息、议会的新闻等等信息写出来递给父亲。父亲觉得不可思议，惊叹不已，“啊！太奇妙了，这真方便！”这天晚上父子俩边接收电报边讨论，一直到午夜 1 点后才睡觉。连续几个晚上后，塞缪尔被儿子感动了，他妥协了。他告诉阿尔，只要他照常把报纸带回家，他不再干涉他的工作时间。阿尔的计谋得逞，报纸又在家中照常出现了，阿尔则每晚继续和坎西玩“电报游戏”，基本上掌握了电报的初级原理。

重整旗鼓的爱迪生继续一边看书，一边做着电报以及电的相关实验。在铁路上的工作经验也使得他对机械和发明产生越来越大的兴趣。

为了能够添置新的设备和仪器，爱迪生又重

操报童的旧业。他和列车长史蒂文森达成协议，在列车上只卖报纸，不再做任何实验。再一次在列车上卖报的少年爱迪生在克莱门斯山站遇到一位中年男士，他就是J·U·麦肯齐，该站站长兼电报生。两人谈到电报，如朋友般相谈甚欢。一个意外事件更使得两人的关系变为师徒关系，而这也成为爱迪生发明生涯的一个重要转折点。

麦肯齐的报恩

1862年8月的一个早晨，爱迪生正在大干线铁路上卖报时，发现一个两三岁左右的孩子站在铁路轨道中央捡石头玩耍，而此刻他后面正有一列货车疾驰而来，孩子完全不知道自己已经身处险境。见此情景的爱迪生，飞快扔下报纸和帽子奋不顾身冲上去，一把抱住那个孩子，滚向轨道旁。火车急速地从两人身边飞驰而过。这是列货车，车上并没有关闸的人，列车很快驶过。此时的两个孩子摔得很重，头朝下躺在尖锐的碎石上。工作人员把他们抱到月台上。幸好，两人虽然手上和脸上被碎石划破，有的还嵌进了肉里，不过没有什么大碍。这个被救的小孩子叫吉米，父亲就是站长麦肯齐。

麦肯齐回忆了这一事件：“一个夏天的上午，大约九点半钟，列车上的行李管理员汤姆是亲眼看见的人。如果阿尔慢了一秒钟，就可能被车轧断一只脚或丧了命，实际上车辆已经碰着他的脚后跟了。我正在售票房里，忽然听见一声叫喊。我跑出去时，正看见工作人员把那两个孩子抱到月台上。他俩都是脸朝下跌倒在锐利的石子上。摔倒时力量很大，所以他们的面孔划破得很可怕。后来经医生检查，证实伤口不是很深，只划破了皮肤。”①

怎样才能更好地报答这个少年的救子之恩呢？物质报酬？显然他没有足够的钱报答得了这份恩情。他能做点什么呢？麦肯齐深深地思量着。他想到爱迪生在卖报之余，常常到火车站的发报室研究仪器，他还想到只要一聊到电报，少年就兴趣盎然，于是他做了一个决定。

第二天，麦肯齐早早地就站在月台上等候。见到阿尔后，他说：“阿尔，非常感谢你救了我的孩子，我必须好好报答你。我并没有什么报

---

①[美]弗朗西斯·特里维廉·米勒：《人类惠师爱迪生》，第 60 页。

酬，不过我愿意为你做一件力所能及的事情，我看你好像对电报技术很有兴趣，所以我想如果你也愿意的话，我可以免费教授你电报技术，并且尽我所能在这段铁路上帮你找一份工作。”

听到麦肯齐的这番话之后，阿尔非常谦虚地说，“救命之恩是小事，如果不麻烦麦肯齐先生您的话，跟您学电报技术，我乐意之极。”

就这样，爱迪生开始与神秘的电的新世界越来越贴近，也在科学的征途上越来越向专业化发展。

第三章
流浪的电报员

如海绵吸水般学习

阿尔边在车站卖报，边跟着麦肯齐孜孜不倦地学习电报技术。他每周学习四次。在火车往返途中到达克莱门斯山车站的时候，阿尔会准时到老师那里受教。学习了两个星期后，那位目睹了爱迪生救人过程的行李管理员汤姆，自荐帮助他将晚报带到克莱门斯山车站，这样阿尔就节省下批发报纸的时间而用来学习。学习对阿尔来说，并不算太难，因为他与小伙伴坎西玩过多年的“电报游戏”，而且他们实际上已经成功地设计出设备并互通讯息，所以阿尔进步得非常快。老师麦肯齐如此评价："阿尔吸收莫尔斯电报码[1]就如同海绵吸水似的，真让我这个教的人惊慌啊。"

像以往的学习一样，阿尔对一切都要动手实践。所以在追随老师学了两个多星期后，阿尔给老师带来了他自己制造的电报机件。看着眼前制作精良、性能良好的机件，麦肯齐心中更加感慨这个少年的努力与天赋。后来麦肯齐才知道，这是阿尔抽空利用一个机械店的工具和材料完成的。机械店的老板是曾经售卖给阿尔那台旧印刷机的J·A·罗伊斯的朋友。他如此对朋友说："我预言这个少年会成就大事。如果他有什么需要，你可以多帮助下。"出门靠朋友。爱迪生以自己的真诚、执着、努力得到了朋友们的热心帮助。

阿尔忙碌地学习着。四个月后的一天，老师麦肯齐对他说："小伙子，我已经把我知道的都

---

①莫尔斯电码，英文名 Morse code，又译摩尔斯或莫斯密码，是一种时通时断的信号代码，通过不同的排列顺序来表达不同的英文字母、数字和标点符号。发明于 1837 年，发明者是美国人塞缪尔·莫尔斯或者艾尔菲德·维尔，目前存在争议。1999 年停止使用，但实际上依然在军事或爱好者中广泛使用。

教给你了，你已经是一个优秀的电报生了，可以毕业找一份工作了。”

为了集中精力学习电报技术，阿尔结束了报童与小商贩的生活。他收入上没有任何进账，因为购买设备，他的存款也越来越少。他迫切需要找一份工作。

电报在当时是一个新兴事物，当时没有多少人能收发电报，所以能收发电报的人几乎到哪都能找到工作。不过，刚回到休伦港的爱迪生雄心勃勃，打算自己当老板。他做的第一件事，就是在休伦街的主街上找到一个店铺——一家药房，用来做他的电报所。然后，他从自己的电报所到休伦港村中间约 1 公里的地方架起了电线。他的计划是谁付钱给他就给谁发电报，开办电报业务。显然，干这一行并不容易。作为新兴事物的电报，此时很少用于发送私人消息。阿尔的生意经营惨淡，甚至还成为一些街坊邻居的笑柄。

“你听说塞缪尔·爱迪生家的那个小儿子在干些什么了吗？”

“那个卖报童吗？他现在又卖什么了？”

“他老坐在药房里的桌子旁，要大家去找他发报。”

"这懒家伙！他是要咱们发报给他钱赚吗？"

"一点不错，不过听说他拉不到什么生意。"

当然，电报所生意惨淡的原因还在于，小镇上早已经有了竞争者：另一家电报所。

第一份电报生工作

这个竞争者后来给了爱迪生第一份电报生工作。这家电报所的经营者叫托马斯·沃克(Thomas Walker)。沃克的店铺同时经营着很多项目：珠宝、书籍、钟表等等，即便没有电报生意，其他生意也能维持经营下去。之前的发报人是沃克的亲戚，因为在军队里找到一份报酬更优厚的工作，所以要离职。于是电报所需要找到发报员来补缺，少年阿尔顺利地接替了这份工作。

在1862年到1863年中，阿尔尽职尽责地工作。他每天都要昼夜值班，几乎睡在电报仪器旁边。而之所以如此拼命，是因为阿尔想尽可能多地接收新闻电报，"由电报打来的新闻消息约在凌晨三点钟，所以我等一夜，并尽力地抄电报，这样可使自己练习接报快一点。"

不过这份工作阿尔只做了一年。首先，老板沃克对他并不满意，甚至有点讨厌他。一是他觉得电报所平均每月收入约 50－70 美元，却要支付给阿尔 20 美元，他认为太多。他讨厌阿尔的第二个原因在于，这个少年经常在夜间利用接收电报的间隙做化学实验，店铺里摆放着很多他用来实验的瓶子、电线等，看起来很危险。三是少年会经常使用店里修理钟表的各种工具，摆弄他自制的电报设备。这也让老板很不高兴。

另一方面呢，少年的父亲塞缪尔也不允许儿子继续待在那里。他想自己的儿子已经长大成人，手艺也不赖，在那里却只能赚小钱，每月 20 美元，怎么还不如当初卖报贩菜时挣得多？

成为正式电报生

1863 年，爱迪生 16 岁。在老师麦肯齐的举荐下，他当上了加拿大大干线铁路斯特拉福特枢纽站的电报员。这个枢纽站地处加拿大，离休伦港也不远，有 100 公里左右，这是一份正式的电报生工作。自此，爱迪生开始以这样的身份不断地迁徙。

在斯特拉福特枢纽站，爱迪生担任的是夜班电报员，工作时间从晚上 7 点到早上 7 点。每月 25 美元的工钱。因为夜间才工作，所以爱迪生在白天就做实验，试着进行发明。他首先想到的是改良电报科学和技术。他向他的电报员同事们刨根问底地询问电报的原理，但大多数人只是将此作为一份职业，对电报知其然，不知其所以然。只有一位年长的电报员告诉他：“假设你有一条狗，身长由爱丁堡到伦敦。如果你在爱丁堡拉它的尾巴，它就在伦敦吠叫，这就是电报。”① 爱迪生后来说，“我能明白那个比喻，但是我不明白在狗身上或者在电线上有什么过程。”爱迪生执着地想要知道电报之所以然的根源，这种追求促使他更加勤奋地实践钻研。

白天各种实验，晚上则需要通宵醒着，因为铁路局为了防止夜班生值勤的时候睡觉，做了一个规定：要求电报员在 9 点以后，必须每隔 1 小时发出“6”做信号。如果每隔 1 小时发出了“6”的信号，表明电报员在坚守岗位，这期间即便打瞌睡也无关紧要。开始的时候，在没有电报收发的时候，无事可做的爱迪生就研究钟表，他将钟表的零件一件一件拆开，想知道钟表是如何工作

①[美]弗朗西斯·特里维廉·米勒：《人类惠师爱迪生》，第 62 页。

的。但是通宵达旦的工作，却使得爱迪生无法得到多少休息，更无法做自己的实验。实验狂人无法实验怎么办呢？他想利用晚上的时间休息一下或者做实验。

需要催生了他的创新意识。他购买了一架钟，制作了一个带缺口的轮，将这个轮与钟表连接在一起，每隔一小时，就接通一次电路，自动发出“6”字的信号。有了这个小发明，爱迪生夜里就能偷懒，在电报室里时不时打个瞌睡。

若要人不知，除非己莫为。稽查员很快察觉到一件奇怪的事情，从爱迪生那传送过来的信号总是非常准时，不早不晚，分秒不差。而其他电报员传送过来的信号总是会有几分钟的误差。这么准时，实在让人生疑啊！

有天晚上，这位稽查员决定调查一下。他打开了发报机键，在爱迪生的电报线上呼叫，结果呼叫了 10 多分钟，都没有收到回应。稽查员担心发生什么不测，急忙来到斯特拉福特枢纽站。结果他看到的却是少年在椅子上酣睡的画面。他正想把阿尔摇醒，突然看到在电报机旁边摆着一个奇怪的小机件。稽查员很好奇地观察着，后来他说：“我简直不相信我的眼睛，当钟上的指针到达整点时，那个机器就开始忙了，一个杠杆打开电报机键，另一个杠杆就在电线上发出信号。”

阿尔用自己的发明耍了个小聪明，不过代价是丢掉工作，因为他违反了铁路局的规定。幸运的是，稽查员因为他的大胆创新很欣赏他，又帮他在萨尼亚车站找了份电报生的工作。

这份工作也是夜班，阿尔开始做得挺顺利，他还教会了车站的更夫如何发送提醒他的信号，这样他可以睡上半小时。但做这份工作不久，他又差点惹上一起事故。有一天晚上，他收到铁路局拍来快报，要求他通知一辆行驶中的货物列车马上停驶。爱迪生立刻回电“已照办”。回电后，他马上跑出去找信号手，但是却没找到信号手。而此时那列货车已从他身边急驶而过。他赶忙拍电报给总局汇报，他收到的回电是“那会造成撞车事故的。”

爱迪生心里明白：因为自己发送电报说能留住列车，所以列车调度长才命令下一站对面开来另一列车。他十分害怕，拼命去追货车。外面天色很暗，爱迪生心里又很急，一不小心，掉到深沟里昏迷不醒。不过幸运的是，两列列车的司机非常机警，互相发现对方的前灯而紧急拉闸刹

车，避免了撞车。

事件发生之后，所有的错误都被推到这位年轻的电报生身上。爱迪生被叫到铁路局去调查。管事的是一位非常严厉的车务主管，他对爱迪生叫嚷着：“年轻人，你犯了大错，我可以控告你玩忽职守。我能把你送进监狱五年，并且……”恰在此时，办公室进来两个人。爱迪生回忆说：“当主管和两个英国人谈话的时候，我借此机会溜了出来。后来，跑上了一列开往萨尼亚的货车。在加拿大境内的时候，一路上我都忐忑不安，直到后来离开边境上了开往休伦港的轮渡，我才心安。”

离家远行寻找机会

阿尔逃回休伦港的家中。此时的他，年方十六，除了在加拿大的这次电报生经历，他从未离家远行过。虽然这次冒险经历让他有些害怕，但父母已经年迈，而他也想多锻炼锻炼，成为自己事业上的主人，所以他决定离开家乡，出去谋生创业。此时的美国，电报业的发展方兴未艾，然而会操作机器的人并不多，战争把大批优秀的报务员吸引到军队里，所以报务员很受电报公司的欢迎，找工作非常容易。不过竞争的激烈又使得报务员常常随意调换工作，流动性很大。

从1863—1868年的五年时间里，阿尔开始了他长期的漂泊生活。

他先在美国中西部的密歇根州、俄亥俄州、印第安纳州等各城市间不断变换着工作，过着动荡的电报员的生活。阿尔已经长大了，大家开始称呼他托马斯。因为他年轻，工作经验又欠缺，所以基本上还是做次等电报生。但是他有着强烈的好胜心，他寻找各种方法，改良手边的机器，以便让机器发得又快又准。

在印第安纳州的波利斯，托马斯进入了联合车站为西方协和电报公司工作。西方协和公司的职员名册上记载托马斯·A·爱迪生做夜班报务员，工作时期自1864年12月至1865年1月止，月薪75美元。他后来调到公司在辛辛那提的办事处工作。由于他工作努力，他很快成为一名快速发报员。他的工作态度非常主动。据说，林肯总统被刺的头条消息就是他接收到的。不过因为他全神贯注地像机器一样抄收电文，以至竟没有意识到自己正在抄收的是一条如此重大的新闻。

因为对电报原理越来越熟悉，托马斯的操作

也愈加熟练。不过这份工作非常忙碌，他常需要接收下大批电文。当时电报局中大都改用纸条记录机，在连续的纸条上刻记点划。他觉得如果想办法在主机后面再加接一台记录机，便能控制记录速度。经过多次实验和改良，他发明出来一个二重电报机，这也是他后来发明出四重电报机的雏形，新机器能够清晰正确地抄送出新闻电报。成功的喜悦使得他和一个同事将抄送出来的电文挂在公司展览。公司经理看到整齐美观的电文时，很困惑，他不明白这两个新手怎么能这么快抄出如此优美的报文来？直到有一天在发送一个重大电文时，托马斯因为跑到戏院去看戏剧推迟了发报时间，公司经理在第二天早晨检查时，才发现了二重电报机，遗憾的是，公司并没有意识这是一个有价值的发明，而是命令他拆除。

漫游期间的托马斯结识了不少有个性的朋友。有米尔顿·F·亚当斯，这是一个无忧无虑、可善可亲的年轻人。他们经常在一起谈论文学，去戏院看戏，听音乐剧，讨论绘画。还有一位叫斯坦顿的朋友，也非常有趣。他们帮助爱迪生排遣漂泊生活中的孤独，也为他对未来的生活提出建议。

在中西部的两三年时间，托马斯·爱迪生换了10个工作地点。有的是被免职，有的是他自己辞职不干。究其原因，是因为无论在哪个地方，他都热衷做他的各类实验和改良。工作赚钱——买书——看书——实验，这已经成为他生活中不可改变的铁律。如果他一天不实验新发明的科学方法，就会感到浑身不自在。工作中，托马斯也做不到像其他同事们一样，按部就班地听命令工作，他有自己的主见。比如，当他认为他收发的电报比其他的电报重要时，他就占线收发他自己的电报。当他对一本书或发明感兴趣时，他可以让需要发送的电报等若干小时。他还喜欢时不时跟人开个玩笑来取乐，不时捅出点小漏子。雇主们当然不高兴。

后来爱迪生又北上去底特律、路易斯维尔、纳什维尔等城市，在这些城市间做巡回电报员。期间又结识了不少从事报业的朋友们，他和朋友们在一起讨论科学和发明。据说有一天晚上，他们讨论完某个问题后，他跑到拍卖行拍下了20册的《北美评论》，因为数量太多，不好拿，他用一只大袋子装进去，背在肩膀上。他扛着这些刊物，往家中的方向走去。走了没多远，突然有子弹在他身边擦过。他回头才看到一个警察一边大声叫着什么，一边向他跑了过来。托马斯·爱迪生以为周边发生什么事情，开始到处张望。结果警察跑到他面前呵斥道："我喊着叫你停下，为什么你还不站住?"爱迪生解释说："我耳朵有点聋，没有听到您喊话。"警察打量了他一下，命令道："把袋子打开！让我看看你拿的什么？从哪拿来的?"爱迪生意识到警察是把自己当成小偷了。托马斯慢慢打开袋子说："这是我刚买来的刊物，我打算背回家。"警官看了一眼满袋子的刊物，就嚷着说："算你走运，我要是枪法再准一些，你早就没命了。"

巡回动荡的期间，他还遇到两个电报生，三人打算像三剑客一样去南美洲冒冒险。不过巧合的是，他们要乘坐的开往巴西的轮船在新奥尔良被扣留，在渡口遇到一个西班牙人。西班牙人在听说了三个年轻人的打算后，就劝说道："年轻人，不要以为只要到了南美，就有很多赚钱的机会，那可大错特错！我看你们最好留在美国。这里的机会应该更多。"

爱迪生听从了这个人的建议，放弃了南美之行。其他两个电报员却一意孤行到了南美，但是很不幸，没过多久，就病死在南美。

爱迪生在路易斯维尔继续做电报生，但很快他又被辞退了——又是他的实验惹的祸。一天夜间他在实验时，无意中弄翻了一瓶放置充电池的硫酸。硫酸撒到地板上，滴渗到楼下经理的房间，侵蚀了他的写字台、地毯等物件。后来，经理把他叫到办公室，严厉地斥责他，并告诉他，他们需要的是电报员，不是实验员。

爱迪生返回休伦港，在老家待了几个月。不过，他在休伦港并不愉快。因为当局借口军用，强迫爱迪生家族迁离他们的老住宅。周边邻居也认为托马斯是爱迪生家最没出息的孩子。

没有工作，更没有攒下钱，不甘心的托马斯决定继续流浪寻找机会。他写信给在波士顿的朋友亚当斯，朋友给他回信说："来吧，朋友，在这里有很多机会等着你呢。我愿意帮你找一份工作。"

到东部去

托马斯又离开父母，开始踏上去波士顿的旅程。

1868 年初，年满 21 岁的他开始了大暴风雪中的旅行。长途跋涉，不可能步行而去。他和休伦港站讲好，由他为车站提供服务，车站则为他提供大干线铁路的免票，这样他可以免费到波士顿去。

由于大风雪，列车在路上被困达24小时，最后当他到达波士顿时，已是饥肠辘辘、筋疲力尽、身无分文。幸运的是，他如愿地见到了老朋友亚当斯。而当亚当斯把他引荐给西方协和电报公司波士顿的总经理乔治·F·米利肯时，米利肯对他很满意。当晚，他就开始了自己在东部的第一份工作。

托马斯还是像以前一样，不注重穿着打扮，再加上长途奔波、衣衫不整，他的新同事们觉得他是一个乡下土包子。不过一旦他坐在电报机前开始发送电报，却表现得老练快捷，他们又颇感吃惊，于是同事们决定考验下这个新人，看看他的本事如何？

他们和纽约市的一个发报最快的电报生商量好计策，然后给了托马斯一支笔，告诉他，今天晚上由他负责纽约的第一条线路的电报收发。为了考验他的耐性，他们先让他在桌子前等了一个多小时，然后让他坐到一张特别的写字台前，接收发送过来的《波士顿日报》的电文。

纽约的电报员开始是慢慢地发报，不久便加快了速度，托马斯很容易就跟上他的速度。那个电报员好像被惹恼了，他开始故意地发送一些含糊不清的字句，或者故意把符号弄混淆。不过这也并没有难倒爱迪生，因为他自己也学过这种收报的方式，所以他依然游刃有余地收发电报。后来他意识到这是大家故意考验他，所以当他觉得差不多该结束这个游戏时，他便恶作剧地用电文向那位纽约电报员说道："年轻人，可以换个花样了，不妨加上你的第二只脚来发报吧。"

西部来的乡下土包子竟然完胜，那位纽约的电报员对此很沮丧，很快把这条线上的工作交给别人了。而那些环视在爱迪生周围看热闹的同事们也由最初的滑稽、兴奋变得惊讶、佩服，并成为他的朋友。

对托马斯来说，波士顿的夜间工作他可以应付自如。他开设了自己的"工厂"，把白天的时间全部用来做实验，搞发明。至于做什么？没有人知道。他的好友亚当斯说："他整天待在他的'工厂'中，大家能看到他的时间就是在他值夜班的时候。"而作为好友多知道的那么一点点就是，托马斯跟他说过，"生命太短暂，而我有太多事情需要做，所以必须加紧工作。”

托马斯这段时间痴迷的是法拉第[1]。他偶然买到一本《法拉第电学研究》，书上有关电的知识和实验很翔实，而且法拉第的实验浅显易懂，没有高深的数学推导，这特别适合托马斯的胃口。后来爱迪生说：“我想我必须把书中所有的实验都做了。”在这段时间里，这本书成了托马斯最要好的朋友，即便是吃饭时，他也基本书不离手。他还常常半夜想到什么问题，就马上爬起来，翻出书来看看，甚至立马动手实验。他后来说过，“一生中对我帮助最大的书，要算这本《法拉第电学研究》了。”[2]

年轻发明家的有趣发明

托马斯在波士顿度过的是一段轻松愉快的时光。朋友亚当斯和他一起吃住，公司总经理米利肯先生对他非常器重。所以轻松的日子里，总会

---

①迈克尔·法拉第，Michael Faraday，1791－1867，英国物理学家、化学家、发电机和电动机的发明者。出生于贫苦铁匠家庭，仅上过小学，是著名的自学成才的科学家。1831年，他做出了关于电力场的关键性突破，永远改变了人类文明。

②李云玲：《爱迪生的故事》，第22页。

发生点有趣的小插曲。而这些小插曲自然与他这段时间痴迷的“电”有关系。其中一个小插曲是与蟑螂的交战。

西方协和电报公司在波士顿的办公地点曾经作为饭店经营过，又地处底层，值夜班的电报生们还经常半夜加餐，于是午夜之后，这里就成为蟑螂们狂欢的地方。它们欢快地来抢夺着电报生们的面包、火腿、苹果点心等一切食物。不胜其烦的同事们希望发明家能来解决他们的烦恼。

托马斯在视察了现场“战况”后，第二天晚上就想到了解决之策。他找来一卷薄的锡箔铅铁，剪成一条条，然后围着桌子把铅条铺开。之后，他把这些铅条连接在两个大电池上。只要有蟑螂走上来，就能使电流短路。接下来就是静等效果了。有一位目睹了杀戮蟑螂盛况的电报生回忆说：“我们心怀残忍的兴趣等候着这次杀戮。一只大蟑螂来到屋子的东南角，停了一会儿。后来它用前腿刷了刷鼻子，就往前走来。它来到头一条线很安全，但它前腿刚踏到对面的平行线上时就倒毙了，它很容易就被电死了。……到了深夜围绕桌子附近有一圈死蟑螂，好像是小小的一段长城似的。”[①] 不过后来这个电死蟑螂的刑法被总管取消了，也许他们觉得对偷吃的蟑螂们来说，这刑法太过残忍了吧。不过托马斯却赢得了同事们的尊敬。

另外一个有趣的事情是“通电的勺子”。在办公室冰水桶旁边的钉子上一般会挂着一个喝水的勺子，不过有很多电报生有不好的习惯，经常顺手就把勺子拿走。爱迪生决心小小惩戒下有这种恶习的同事。他就把一条电线接连在钉子上，电线的两端则接连在大电池上。然后他在勺子下面贴一张纸条“请还回勺子来。”不少人注意到他留的纸条，勺子就得以幸免，不过时不时人们还是会听到电报间“啊”一声呻吟。不用说，是企图拿走勺子的人，手被电麻喊痛了。

当然，除了这些有趣的小玩意，托马斯依然在忙着其他实验。他没有停止对二重发报机的实验，早先，他发明的二重发报机被经理发现并禁止。而在波士顿搞二重发报机的实验，却得到了上司米利肯的理解和支持。米利肯对爱迪生说：

---

①［美］弗朗西斯·特里维廉·米勒：《人类惠师爱迪生》，第 80 页。

"你这个发明很重要，要是能成功的话，等于铁路线铺上双轨，无形之中，一条线变成了两条线。"托马斯夜以继日地进行实验。不过他拿出的第一个发明物却是另外的产品。

第一个发明物

爱迪生在"工厂"里拿出的第一个产品，并且在华盛顿专利局申请专利、记录在案的发明是投票记录机。

之所以发明这一物件，是因为他在新闻电报专线上得知国会在投票表决时出现了纷争。而他平时也注意到每次国会选举时，投票都要经过烦琐的程序：先一位一位地叫代表的名字，然后再唱票。每叫一位代表的名字时，都要将"赞成"或"反对"票记在他的名字之后。这就类似咱们班级投票选举班干部的过程。而投票记录机是一个非常简单实用的电机，只要将其安装在议长的桌上，再用电线连到各位议员的桌上。投票的时候，每个议员只需按一下他座位上的电钮，或向左或向右，他的表决便立即在议长的办公桌上记录下来，并自动进行表决计数。因为物件上记载投票所用的纸张是化学处理好的，只要议员开动

电门电流就闭合，有一个铁棍就立刻经过那张纸，在纸上有铅字写明议员的名字。铅字一接触到化学制的纸张，纸就变成深棕色，而姓名就印在那卷纸上。一张记载赞成和反对票数的统计表便生成了。

投票记录机申请专利是在 1868 年 10 月 11 日，在 1869 年 6 月 1 日获得批准，专利号是 90646。满心欢喜的爱迪生认为，这台装置能加快国会的工作，肯定会受到欢迎的，或许他至少可领到 5 万美元的酬金。他辞去了电报生的工作，筹借了一些钱，动身到华盛顿去展示他的投票记录机。然而，当爱迪生对一个国会委员会表演了他的机器，一位国会议员告诉他说，他们无意加快议程，有的时候慢慢地投票是出于政治上的需要。委员会主席更做出直爽的判决：“年轻人，如果世界上有一件发明物送到这里而我们不需要的，恰恰就是你这件东西。为了阻止坏法律，少数党手中最好的武器就是投票阻挠这个法律，而你的发明可能会破灭少数党影响立法的唯一希望……而且，既然现在占支配地位的多数党知道有朝一日他们也可能成为少数党，所以他们也和他们的反对党一样，不愿意改变。”

这无疑等于宣判了这一发明的死刑。由此，托马斯终于看清了一个事实，投票实际上只是政客们操纵政治的一种手腕。通过这件事爱迪生得出一个教训，他说：“就在当地，我自己立下誓言，我再也不浪费时间发明对于大众没有普遍用处的物件了，或者说大众不需要的和不愿意买的。”

虽然投票记录机没有产生社会效益，不过它却使波士顿人知道有一位叫托马斯的年轻发明家，他还为此被邀请到波士顿女子中学做有关莫尔斯电报的演讲。不善言辞的托马斯多次拒绝，最后只得与朋友亚当斯一起参加了演讲。最终由亚当斯讲解，托马斯表演电报技术，他们专业的水准赢得了热烈的掌声。这次演讲后，他不仅得到了学校给的报酬，走到大街上还经常会有女孩子们对他点头微笑，其他的电报生们对此羡慕不已。

在“工厂”里，发明达人很快又将精力投入到他的新发明“股票记号机”中。当时纽约城中的交易所和经纪人已经有股票记号机向各处报告交易所行情。托马斯认为这个物件可以继续改良。他认为接收机一端的守候人是不必要的，而且接线也可以减少。他取得了初步的成功，但是收入微薄，仅能维持收支平衡，而他接下来改良的电报印刷机、二重发报机也没有取得预期的成功。数月的劳动一无所获，多年的发明梦想几成泡影。托马斯借来的钱全部都在发明上花光了，他到了山穷水尽的地步。

这个时候，身为朋友的米利肯很诚恳地对他说：“年轻人，你去纽约吧，我深信，你在那里肯定会成功。”始终想成就一番事业的爱迪生接受了朋友的建议。1869 年，托马斯辞别了他喜爱的波士顿，辞别了好友亚当斯、米利肯，搭乘了奔赴纽约的夜船。

第四章
声名鹊起的年轻发明家

借来的一美元

“在1869年，一个深秋的早晨，法耳河的汽船把我从波士顿载到纽约……从跳板上走下来的时候，周身摸索了一番，才知道我口袋里没有一文钱。”这就是爱迪生初到纽约时的情景，身无分文，举目无亲，就如鲁滨孙漂流到孤岛一样。他唯一的资本就是他自己——勇敢、执着、坚毅以及他从小至今所学到的所有的学识和养成的品格。

走在街上的爱迪生饥肠辘辘。他看着路边咖啡馆里热气腾腾的热茶和咖啡，最终小心翼翼地询问一个正在品茶的人，能否给他一杯茶喝？他得到了一杯茶，这是他在纽约的第一顿早餐。

之后他锲而不舍地尝试跑到各个电报所去找之前工作时打过交道的电报生们，最终他碰到了一个善心的电报生，借给他一美元。有了这一美元，爱迪生请自己吃了一顿晚餐——苹果糕和咖啡茶。他知道自己必须省着用这一美元。

当务之急，他还需要解决住的问题。这时他想到一个人，那个与他比赛过发送电报速度的纽约快手，他叫丁·布尔斯特。在听了爱迪生的请求后，布尔斯特没有多说几句话，不过他却帮上了爱迪生的大忙。爱迪生在一家黄金报价机公司的电池房中可以睡觉而这里成为爱迪生的幸运之地。

机遇总是留给有准备的人

爱迪生寄宿的黄金报价机公司，有属于自己的发明：电动报价机，它能够通报华尔街黄金交易所的行情。爱迪生到来的第三天却发生了一件事情：

这天，正在行情紧张交易的时候，突然公司里各个办公室以及交易大厅里一片混乱。原来是公司的主控机器骤然停止。要知道，在当时的金融市场中，金价的改变足以决定全市的物价。报价机如果稍有一点扰动，其后果都很严重。大家都处在一种恐慌状态中，还有人不断在报告他们办公室的报价机停住了，危机一触即发。机器的发明人兼交易所的副所长S·S·劳斯博士也跑出来查明是怎么一回事。但他因为过于慌张，一时不清楚该怎么修理机器。在旁边已经大概了解情况的爱迪生走出来自荐说，“我觉得我可以修理好它。”

这位年轻的发明家走到机器旁边聚精会神地查看着，因为以前研究过股票记号机，和这个原理非常接近，他很快就发现了症结所在。原来是机器上一个连接的弹簧断掉了，落在两个齿轮的中间。他把坏弹簧挪开，然后又把齿轮转到零点，重新发出指令，之后，让各个办公室的人调整好各自的小机件。几分钟之后，所有的机器又恢复如初。交易大厅也开始恢复了忙碌而有序的状况。

劳斯博士非常感谢爱迪生，让他第二天到办公室。爱迪生想或许劳斯博士会给他10美元或者更多一点报酬。

第二天，当他到了办公室之后，劳斯博士询问了几个问题，诸如你做过什么工作？对电报了解多少？对黄金报价机了解多少？知道如何操控吗？在听了爱迪生的回答之后，劳斯博士说：“很好，我决定请你管理这里的一切机器，月薪300美元。明天早晨请早点上班！”

从身无分文、到借来一美元维持三天的伙食、再到300美元，这比他先前所赚过的最高月薪要多3倍多！这简直犹如天上掉馅饼，爱迪生的地位发生了戏剧性的变化。

但是，与其说是天上掉馅饼，不如说是机遇总是留给有准备的人。如果不是爱迪生执着地钻研发明，他怎么可能如此轻易地解决令任何人手忙脚乱的问题呢？所以面对这个大馅饼，爱迪生并没有得意忘形，他反而抓住这个能充分利用自己发明天才的机会，夜以继日地改良和完善黄金报价机。当然在这之前，他请朋友布尔斯特美美地吃了一顿大餐。

波普—爱迪生公司——第一个电业工程公司

机器再次发生事故。不过这位发明家顶住了考验，在一个小时之内又修复好了所有的机件。在爱迪生将劳斯的黄金报价机改良得可以与其竞争对手黄金与股票电报公司的设备相媲美时，这两家公司合并、并且被西方协和电报公司收购。那之后不久，1869 年 10 月 1 日，人们在《电报杂志》上看到了这样一则广告："波普－爱迪生公司，承做各种电业工程，经营普通电报。公司地址：百老汇大街 78 号和 80 号交易所大楼第 48 号房间内。"

这类公司在美国还是第一个，创始人是不到 30 岁的富兰克林·波普和 22 岁的托马斯·爱迪生。波普是爱迪生在黄金报价机公司时的一位同事，因为和爱迪生一样热衷于发明和研究，两人一起成立了公司。因为两人要经常一起合作研究，为了省钱省时，爱迪生就租住在新泽西伊丽莎白市的波普家中。而他们做实验的工厂则在距离很远的一位医生的诊所里。他们的日程是这样安排的：早上 6 点起床吃早饭，然后赶乘 7 点到纽约的火车，在公司工作到下午 6 点，然后和波普到实验室，在实验室从事发明的构想和实验，再乘凌晨 1 点的火车到伊丽莎白站，步行 1 公里回到住所。按照爱迪生的说法，"冬天冷的时候，在伊丽莎白的道路上，我们在途中差一点就给冻死，上床睡觉往往是凌晨 2 点了。"

他们的辛劳也换来了丰硕的成果：新公司已经有两件发明获得了专利，一是金价印刷机，一是美国印刷机。这时西方协和电报公司的总经理马歇尔·莱夫茨将军对这些发明产生了兴趣。而公司的业务也在扩展中，波普和爱迪生两人在纽约又设立了一家私人电报所，专供商家私人通信。后来又设立第二个，专向购买者和证券经纪人报告开盘金价。非常看好公司前景的莱夫茨决定趁两个年轻人羽毛未丰前将它收购过来。他最终与波普—爱迪生公司协定，以 1.5 万美元的代价购得其发明。因为在这项资产中占有 1/3 的股权，爱迪生由此赚到了 5000 美元。

4 万美元的巨款

这样，爱迪生又成为西方协和电报公司的雇员。莱夫茨雇用爱迪生专心致力于股票记号机的改良，因为这个机器对所有的“黄金”和“股票电报”公司都非常重要。经过爱迪生不断地改良、试用，“爱迪生通用印刷机”诞生了。这种印刷机简易而且实用，它能自动地使各个子机整齐地运动，用时不必接触电键，只需要把总机转动四下各个分机就能保持一致。1870 年的一天，托马斯·爱迪生在莱夫茨办公室展示了这个新发明。

莱夫茨和其他人非常喜欢这个发明。他对爱迪生说，“无论如何，请你把这种发明让给我。你觉得这项发明值多少钱?”爱迪生当时心想差不多5000美元就可以，如果是给3000他也不会有什么怨言。不过他觉得还是由对方报价格更好，所以他谨慎地说：“请莱夫茨先生您给个价钱吧!”

“4万元，你觉得如何?”莱夫茨试探地问。

爱迪生后来回忆道：“当时听到这个数目，我几乎激动得要昏过去。……我担心他会听见我的心跳。我尽量抑制着自己的情绪，表示这个价钱很公平。”

莱夫茨让爱迪生三天以后来签合同，领取支票。往回走的一路上，爱迪生都觉得自己在做梦，他甚至想莱夫茨有可能在欺骗他，毕竟有很多商人搞一些骗人的行径。他还想是不是该问问他，这个价格是不是太高了?

忐忑的三天过去了，他如约在莱夫茨的办公室签好合同，拿到了一张4万美元的支票。这是爱迪生有生以来收到的第一张支票。他进了银行，把手中的支票递给一名银行职员，这名职员看了看支票，又看了看爱迪生，然后向他大声喊

叫着什么。耳聋的爱迪生因为听不太清楚他的话，以为有什么问题，就赶紧带着支票离开了银行。他想，这次恐怕真的上当受骗了。

他又回到了莱夫茨的办公室，向将军谈起发生的事情。这位将军哈哈大笑地告诉他，职员是在要求他在支票背面签字，来证明自己就是支票上写的那个托马斯·爱迪生。随后将军让他的秘书陪同爱迪生去了银行。其实银行职员看到支票上的签名，根据经验已经确定支票是真的，但他又有点怀疑，这么大一笔钱，却由这么一个衣衫不整的人来支取？而最奇怪的是，当他要求这个人签名时，他竟然还转身离开了。真是个怪人！

在将军秘书的陪同下，“怪人”爱迪生顺利地兑取了现金。不过这位银行职业也许是出于嫉妒吧，竟然故意给爱迪生兑付了很多零钱。爱迪生把堆成小山般的钱全部塞在周身的衣袋里，弄得自己臃肿不堪。当他这样走回办公室时，又被大家嘲笑了一番。在将军的建议下，第二天，爱迪生在银行开设了他的第一个银行账户。

创立纽瓦克工厂——爱迪生的第一个工厂

短短不到一年的时间，24 岁的爱迪生成为了西方协和电报公司尽人皆知的一位发明家。从不名一文到完全地经济独立，手中还拥有了一笔巨款。不过，正如爱迪生反复强调的，“钱财算不了什么，但它是达到一个目的的一种工具。”像当初卖报、贩菜、漂泊都是为了赚钱筹措资金进行科学实验一样，这一次，4 万美元的巨款依然用在这一目的上了。

1870 年，爱迪生用这笔钱在新泽西州纽瓦克市的沃德街 10 号与 12 号开办了一家工厂，专门制造各种电气机械。他最大的客户依然是莱夫茨，他订购了 1200 台“爱迪生通用印刷机”。其他公司也陆续送来订单。最初工厂职工不到 20 人，但是后来随着业务发展，需要两班日夜开工，他又雇用了大量工人，这样爱迪生工厂里有了 250 名工人。工人可以白班夜班倒班，而他这个厂长兼工头则要昼夜亲自巡视，他每天休息一般不到 4 小时，工作起来甚至也没有时间概念，他对工人们说得最多的一句话就是“跟着我做”。因为工人们大多属于计件工，多工作就意味着多赚钱。更何况这位老板每当工人们完成某项重要工作时，就会给大家增加工资。有时他还会在实验室开宴会，或者关闭车间，带着全体工人外出

钓鱼。另外，爱迪生对一切都亲力亲为，时刻充满着干劲和奇思妙想，在工人们眼中，爱迪生的脑袋仿佛是一台精巧的发明机器，对于一切问题，他总能及时加以排除。工人们对这位老板都有些顶礼膜拜，他们都抱着极大兴趣陪着这位老板“一起”干活。

据说有一次为了赶一宗订单，爱迪生和工人们几乎都没有睡觉，他们连续工作60小时，饿了就啃点面包，然后继续工作。有的工人们的妻子站在车间外面哭叫，有的因为心疼丈夫，通过窗户把食品袋送进去。直到完成全部订单上的机器，爱迪生才把大门打开。即便如此，没有一个工人对爱迪生有怨言，当然等候在大楼外面的妻子们却未必如此。打开大门时，爱迪生对工人们说：“回去好好睡一觉，睡醒后如果觉得在这儿工作不好，那么可以不必回来。”自然，还不到24小时，全部工人又回到工厂来了。因为工人们打心底里佩服这位老板。

他的高效率带动着工厂的高效率，工厂每天能生产交易所行情电报传送机45台。在这种疯狂的工作强度之下，他的发明创意却犹如泉涌，有一段时间他同时进行着与电报科学有关的45件发明。所以从 1870 年到 1876 年这段时间，他的成就无疑也是辉煌的，他完成了 122 项有专利的发明，以至于专利局的人都说："从新泽西州来的那个年轻人，他用鞋底子走热了到专利局来的道路。"① 他成了一个声名鹊起的发明家。

因为有了名声，爱迪生的工厂里会经常有其他的发明家前来拜访，或者探讨交流，或者寻求帮助。有一天，克利斯托弗·肖尔斯拿来一个他称为"打字机"的机器雏形，他请爱迪生帮忙解决他在发明过程中遇到的问题。爱迪生毫不推辞地答应了他的要求。这台机器雏形有很多缺点：打出来的字参差不齐；墨迹散布不均匀；用这部机器打字的话比手写都费事。爱迪生经过夜以继日的工作将打字机改良成功。这就是后来的名牌："雷明顿牌打字机"。让打字机成了一种实用的机器，爱迪生高兴地说："这样，写字的时间可以缩短，政府和公司的办事效率可以提高，不要多久一定有很多人要买。"很显然，爱迪生的预言实现了。

---

①[美]弗朗西斯·特里维廉·米勒：《人类惠师爱迪生》，第 97 页。

母亲的去世与爱情的降临

爱迪生在发明事业上一帆风顺的时候，家中却传来噩耗。

在他改良打字机期间的一天，爱迪生收到家信，信中告诉他母亲病危。他马上动身赶回家去，见到了病榻上的母亲最后一面。这些年，爱迪生一直在外奔波打拼，此刻看着病床上瘦弱憔悴的母亲，不由得泪如雨下，泣不成声。听到小儿子声音的母亲摸索着身边的人，问：“是阿尔吗？”

“妈妈，是我，你一定会好起来的，我的工作才开始呢！”爱迪生握住母亲的双手。

母亲低声叹息着说：“阿尔，我不行了！妈妈会在天上看着你工作的。”

对爱迪生来说，母亲是他最重要的人，但是此刻，眼看着最敬爱的母亲即将离开人世，他不由得痛哭失声。

“阿尔，不要哭，你还年轻，以后也许会碰到更多痛苦或不愉快的事，但是你不能气馁，要有勇气，面对希望。”母亲依然像教导小孩子似的，慈祥地鼓励他。

1871 年 4 月 9 日，爱迪生的母亲去世了，享年 61 岁。爱迪生将母亲埋葬在湖畔的小山上。

从老家返回纽瓦克之后，爱迪生绝口不提母亲，而是埋首于自己的工作中。他觉得，母亲在天上看着自己呢，所以只有更加努力工作，才是对母亲最好的报答和纪念。他暗自下定决心，不论如何，都会像母亲教导的那样，不气馁、永远昂首挺胸往前走。

英国诗人雪莱说过，“冬天到了，春天还会远吗?”对于爱迪生来说，母亲的去世，让他感觉如冬天般的悲冷。而春天也在迈着脚步悄悄地走近他——爱情降临了。

爱迪生和第一任妻子玛丽是如何相识的，有各种说法和趣谈。不过证据确凿的是，玛丽·史迪威 1871 年夏天的确开始在纽瓦克工厂做事。她是一位长相清秀，做事干脆利落的女孩子，她担任爱迪生的助手。

爱迪生在研究时，会查阅各种各样书籍，每次都把研究室堆得满满的，玛丽会帮他一一整理好。他查阅书籍，习惯在重要的地方画上红线，玛丽的工作就是将那些画过红线的部分抄下来，按照顺序誊写好。玛丽对他的雇主爱迪生近乎崇拜。她不知道他怎么能有如此多精力、如此执着！他能让自己待在书房里一天一夜；困了就睡在椅子上，醒来又继续看书。他做起实验来，可以不断反复，100 次、200 次……失败了也绝不灰心。

爱迪生也喜欢上了玛丽的勤奋能干，玛丽能感觉到爱迪生热切追求她的眼光。终于，有一次她在做事的时候，突然转过身来，捕捉到爱迪生望着她的眼光。被抓着现行的爱迪生看到突然转过身的玛丽，终于期期艾艾地说道："史迪威女士……近来我总是想念你……如果你肯嫁给我……我愿意与你结婚。"玛丽含羞点了点头。

他们在 1871 年 12 月 25 日下午举行婚礼。

关于他们的婚姻，还有一个确认的事实：在结婚那天，爱迪生仍在他的实验室里工作。

据说在婚礼仪式结束后，这位痴迷于发明工作的新郎咬着新娘的耳朵悄声地央求说："亲爱的，我有点急事到工厂里去一趟，一会儿就回来陪你。好吗?"因为爱迪生的脑海里突然浮现出一个解决自动电报机的方案，这是他这段时间冥思苦想、但一直未能解决的问题。此刻一想到方案，他就急于要去做实验，竟然顾不得陪新娘和客人了。

一进实验室的爱迪生立刻全神贯注地干了起来。时间一分一秒地过去了，他就像着迷了一样。直到他的一位朋友来到实验室，看见他还在聚精会神地做实验，就大声喊道："好啊，到处找你，原来你躲在这里，都快把大家急坏了！"

"现在几点？"爱迪生问道。

"已经是晚上12点啦！"朋友回答。

"那我必须得回家，"托马斯说道，"今天是我结婚的日子。"新郎终于想起今天是他的大喜日子呢。

毋庸置疑，爱迪生与妻子是真诚相爱的。但在事业面前，家庭生活总是被他放在第二位。不知道爱迪生的妻子是否对自己的丈夫有过抱怨和不满呢？不过，爱情的来临和小家庭的建立的确帮助爱迪生将更多精力集中于发明工作中。

"英美之争"

爱迪生应纽约自动电报公司的邀请，最先着手的发明，是自动发报机。之前的发报机系统，每分钟发报约400多个单词。用于长途发报时，更会容易出现错误，不同的信号经常混在一起。爱迪生充分利用时间读完能搜罗到的相关电报书籍，并写下了厚厚的一本提要。然后按照方程式做了至少2000次实验，他解决了原有的发报机在处理信号末尾的失真和发送带的问题以后，改进了旧有的凿孔机、收报机、发报机、收报纸条的药制法，排除了长途电报的障碍，使纽约到费城每分钟通电报1000字，纽约到华盛顿间每分钟通电报3500字，速率增加至原来的3倍。

爱迪生的自动电报方法在美国获得成功后，他们决定将电报机送到英国宣传，进行相关实验。1873年春，爱迪生同助手杰克·怀特带了一手提包的衣服和三大箱仪器设备乘船到了英国。不过对爱迪生而言，这并不是一次愉快之旅。

海上的长途跋涉已经让爱迪生备感疲劳，而实验的要求更让他备感压力。英国邮电部对实验提出要求：以每分钟1000字的速度由利物浦向伦敦发报，每隔半小时发一次，要持续6个小时，在利物浦这一端由他的助手负责发送，在伦敦这一端由爱迪生负责接收。糟糕的是，在一位派来监督这次实验的官员提醒之下，爱迪生才发现由英国方面提供的电线和电池都是次品。后来他自己购买了一种大电力的电池组，及时地送到利物浦。第一次的实验才取得了成功。

接下来的考验更苛刻，英国方面要求他将这种新方法运用到海底电缆中。他被要求通过格林威治水池中那22英里长的海底电缆进行实验。因为距离不太远，他被要求每分钟发送 2000 字。实验的时间由晚上 8 点到早晨 6 点。但是他努力了两个多星期，发报的速度都达不到预期的效果。后来他意识到是因为电线在海底有盘绕而产生的磁感影响了信号的接收，但他一时解决不了这一问题。

这也就意味着这次与英国的竞争，他失败了。不过，令人气恼的是，后来英国人在他们的发报方法中采用了他探索出来的原理自动发报，而爱迪生一分酬劳却没拿到。

回到纽瓦克的爱迪生，又埋首于自己的电报发明中。从 1872 至 1875 年，他先后发明了二重、四重电报机。以他的二重发报机而言，就实现了两种方法：一种是“异向二重报”，两个电台可以同时在一线上发送电讯；另一种是“同向二重报”，即一线上同时可以发送两个不同的电讯。

莫尔斯虽然是电报的发明者，不过正如西方协和电报公司所说的：“如果不是因为爱迪生的二重电报法和四重电报法所取得的成功，那么现在高度发达的电报业恐怕是不可能的事。”

黯然离开电报业

即便有如此多的贡献，但是爱迪生最终还是

离开了电报业，并为此几乎破产。

当爱迪生埋头于研究多重电报的发明和实验时，他突然收到通知，如果他不能马上支付税金的话，他就得被加征 12.5%的罚款。原来因为他醉心于研究，压根就忘记了纳税的事情。

此时的爱迪生基本已经解决了四重发报机的问题。在这一实验的最初阶段，他面临的最大问题是，如何保持电流的绝对平衡？他在反复的实验中发现，一般的可变电阻器并不适用于他的设备。为此他不断改变策略，最终他设计出一种新型的电阻系统：这项实验在他以后的电话发明中也发挥了很大的作用。

找到了平衡电流的方法，爱迪生的四重发报机成功了。此时，为了能及时地有一笔钱来支付相关税金和债务，1873 年初，爱迪生与西方协和电报公司之间达成默契：爱迪生同意将自己的专利卖给公司，该公司的总工程师则作为共同发明人。

1874 年深秋，爱迪生带着发明来到西方协和公司的电报室进行实验。公司的经理威廉·奥顿和董事范德比尔特都来到现场。当天的天气恶劣，实验受到了风暴的干扰。尽管如此，由于爱迪生提前做好了充分准备，并选用了最出色的报务员，实验成功地证明了他的四重发报机性能良好。后来它被安装在连接纽约与波士顿及费城的线路上。到 1874 年 12 月底，关于四重发报机的研制工作接近了尾声。西方协和公司答应先付给爱迪生 5000 美元，之后约定每年支付 6000 美元，共支付 10 年。爱迪生拿着 5000 美元还请了债务和税金后便又身无分文了。

意想不到的事又发生了，西方协和公司未能践约。公司经理奥顿离开纽约后，该公司的总监伊克尔将军通知爱迪生，公司的董事们决定不再向他支付任何款项。不过他听说一位叫杰伊·古尔德（Jay Gould）的财阀想购买这种四重发报机的专利。

古尔德在看了爱迪生四重电报机的演示后，给爱迪生开出了 3 万美元的价格。对爱迪生来说，这似乎是一件幸事。但事情的发展却并不是这样。

3 万美金，使爱迪生渡过了难关。不过他又接着把钱都投进自动电报新的研究和发明中。不幸的是，他的钱再次打了水漂。原来古尔德已经控制了大西洋和太平洋电报公司，他购买四重电报机是为了与西方协和电报公司进行竞争。最终西方协和公司败下阵来，两家公司最终合并，古尔德又成为新公司的控制人。他答应会继续支付给爱迪生 400 万美元股票的承诺却没有兑现。

到 1875 年，爱迪生同古尔德的关系断绝了，但同他的诉讼纠纷却延续了 35 年之久。结果却是没有追讨回一分钱。

爱迪生在发明、实验、创造上是狂人，但是与金融大鳄相比，他就像个小学生一样被骗了。三年的苦功夫白费，专利和电报线路的钱分文没有入账，新的投入反倒让他几乎破产。爱迪生在电报业上的兴趣为此也结束了。

正如前文所言，爱迪生对电报业的功绩是无法估量的。值得一提的是，在他的指导下，从纽瓦克工厂还走出几位日后享有盛名的精英人士：德国技师西格蒙特·伯格曼，后来成为柏林市最大的电气工业社的总经理，手下雇有 1 万多员工；舒克特后来在德国创立了第三大的电气工业厂；瑞士钟表匠约翰·克鲁齐做了通用电气工厂的总工程师；还有英国的工程师查尔斯·班切勒、约翰·华特等等。当然他们中很多人依然跟随着爱迪生到了门罗公园，并工作了很长时间，这无疑也是爱迪生对科学界的重大贡献。

第五章
爱迪生与贝尔的“电话之战”

门罗实验室的建立

爱迪生很快找到了新的前进动力。1876 年春天，爱迪生从纽瓦克迁居到了新泽西州，在距离纽约城外 25 英里的门罗公园建立了自己的工业实验室。

实验室的地点是由爱迪生的父亲塞缪尔·爱迪生为儿子选定的，爱迪生则亲自进行了建筑设计。他的实验室坐落在庭院中间，那是一幢长方形的楼房。在楼下，爱迪生有自己的办公室、工作室和一间书房。楼上是实验室，里面放着他的专用桌，工人的车间也在这里。这里有宽广的庭院，有一大片整齐的草坪，还有风车和马棚，是为孩子们提供的游戏场所。幽静的环境，舒适的生活，为科学研究提供了良好的条件。

爱迪生创建了“门罗研究所”。他为研究所配备了大量的科学设备。另外，他还扩充了图书馆。门罗研究所被认为是美国历史上的一个创举，因为它是美国第一个有组织的工业科学研究机构，而且工厂与科学研究所并存，它“标志着集体研究的开端”。在这里，硬件齐备，被称为软件核心的人才更是群英荟萃：原来在纽瓦克工厂的约翰·克鲁齐、查尔斯·班切勒、约翰·华特以及其他一些出类拔萃的人物都跟随爱迪生来到门罗公园。后来加入的有成为普林斯顿大学数学家的弗朗西斯·厄普顿，还有如玻璃吹制工路德维格·贝姆等很多的能工巧匠。

爱迪生相信集体的智慧，他说过，“发明的最佳方法是充分网罗足智多谋的天才，然后把他们组织起来，顽强地去追求他们的目标”。门罗研究所，就成为这样一个凝聚着诸多智慧的处所，它后来成了美国许多大型工业研究机构的前驱，对美国重视实用科学研究传统的形成产生了重要影响。

门罗公园之所以成为美国乃至世界发明史上一个标志性的存在，自然存在诸多原因。不过其中有三点很重要：目标、热情、勇气。

爱迪生对自己和他的优秀同事们提出了明确的目标任务：发明工厂每10天要有一个较小的发明，每6个月，要有一个大的发明。

“嗯，我们不给报酬，我们日夜工作，”爱迪生不明白为什么很多来门罗公园找工作的年轻人想要知道的只是报酬多少和工时多长。他常以这样的回答来表示他的不满意。因为发明是爱迪生毕生的兴趣爱好，对于最爱的女神，他始终都保持着高涨的热情。在他带领下的门罗公园当然也是如此。所以能够留在门罗公园的很多人和他一样，对发明有着同样的爱好、热情。爱迪生以他时刻高昂的热情带动着门罗研究所时刻都处在最佳的进取状态。

爱迪生从不因为失败而气馁。为了进行某种发明，他往往需要上千次的实验，一种办法不行再换一种，但他从不因为某次实验而泄气，直到彻底将问题解决。即便失败，爱迪生也有自己的解决方案：爱迪生对发明的兴趣，先会有一种直觉判断，接着他将这种直觉与严格的科学原理奇妙地结合在一起。他总是会同时有好几种发明设计的想法，这样一旦某项工作看不出有进展的希望时，他就把它搁置一边，开始做另一项工作。

等到想到新的突破点的时候，他又放下这件工作，回到原来的工作上去，直到把它完成。而这就是门罗公园的精神。

明确的目标、执着热情的奋斗精神、不怕失败与挫折的勇气，爱迪生朝着自己的发明梦想一次次进行着冲击，并逐个将之变为现实。

门罗公园的魔术师

“接下来就是见证奇迹的时刻。”很熟悉吧，这是台湾魔术师刘谦诱惑我们跟随他进入魔幻奇景的一句话。爱迪生当时就被人们称为门罗公园的魔术师。是啊，“魔术”，多么诱人的词眼。它神秘莫测、富于变化，往往给人带来意想不到的惊喜、幽默与快乐。它是虚构的，不过就如同魔术师变戏法——无中生有一样，爱迪生却不断地发明出种种神奇之物，让人们一次次见证着奇迹。

爱迪生在门罗公园实验室里完成的第一件发明是一种电笔，爱迪生打算在获得这项发明专利后，大批量制造生产。他曾写信给在华盛顿的一个老友罗伊斯（Fredw Royce）：“我希望你有空去专利局查问一下，我申请的电笔专利究竟进行得如何了？”

爱迪生当时非常渴望获得专利，因为他急需资金进行手中的其他发明。专利局把他的请求延迟了好久，这使他深感不安。三个月后，爱迪生的专利终于获得批准。

1877 年，爱迪生获得了三项专利：穿孔笔、气动铁笔和普通铁笔。这种笔是油印机和复印机的前身。这在当时是一项惊人的成就。用这种方式刻出的蜡纸，可以复印 3000 份。所以，不出几年的时间，不仅华盛顿的政府机构使用了这种装置，而且还远销俄国、中国等地。

新的发明一个接着一个，新的产品也一个接着一个被生产了出来。

不过这一年，爱迪生最重要的发明是改进了早期由贝尔发明的电话，并使之投入了实际使用。他还发明了一个他心爱的项目——留声机。1879 年 10 月 22 日，爱迪生点燃了第一盏真正有广泛实用价值的电灯。接着，他又创造一种电气照明系统，使远处的灯具能从中心发电站配电，这是一项重大的工艺成就。爱迪生又尝试为眼睛也做出“留声机”，电影摄影机即产生于此。他就像魔术师一样推出令人们眼花缭乱的一个个发明。而一个又一个的发明物的诞生也在告诉着我们这位发明达人、实验狂人、创新巨人是名副其实的。现在就让我们穿越时空，首先来看看他让人们见证的第一个奇迹——电话。

电话之争：初次交锋

1876 年，在宾夕法尼亚州费城举行了百年纪念展览会。展览会上展出了百年来美国所发明出来的各种成果，其中也包括发明家爱迪生的发明品。不过，此时他的展览只占据展览厅微不足道的一角。这次大出风头的人物是亚历山大·格雷厄姆·贝尔。

贝尔在电话线上接通了一次有纪念意义的对话。贝尔在电线的一端，另一端则是展览会的特邀贵宾——巴西国王堂·佩德罗。贝尔说了这样一段独白："生存还是毁灭，这是一个值得考虑的问题。默默忍受命运的暴虐的毒箭，或是挺身反抗人世的无涯的苦难，通过斗争把他们扫清……"①这是很多人耳熟能详的《哈姆雷特》一剧中的独白。当这段话经过话筒传送到巴西国王这里时，

①[美]弗朗西斯·特里维廉·米勒：《人类惠师爱迪生》，第 112 页。

尽管声音不是很清晰，但现场的观众无不为此感到震惊。

不知贝尔选择这段独白是否有含义。事实上，由于贝尔发明的电话机存在着致命的弱点，贝尔和他背后的电话公司面临着生存还是毁灭的竞争问题。因为和很多重大的发明一样，电话的发明也并不能完全归功于一个人。当时在美国，就有三位发明科学家几乎在同时投入到对电话的发明研究中。亚历山大·格雷厄姆·贝尔、托马斯·爱迪生、伊莱莎·格雷（Elisha Gray）。

随着研究的进展，爱迪生先在 1876 年 1 月 14 日向美国专利许可局递交了一份禀帖。禀帖就不准仿造“电话”这一新发明物提出申请。申请的意思是表明，他近段时期就要提出专利申请许可，请不要再接受相似的申请。贝尔则在一个月后直接为其发明的电话提交了专利申请的呈文。这一天格雷同样为他的“远电感声音”的发明提交专利申请，不过格雷比贝尔晚了两个小时。对于电话的竞争一触即发。在这场竞争中，初次交锋拔得头筹的是贝尔。

贝尔在 1873—1877 年担任波士顿大学声音生理学教授期间，就进行了利用电流传送声音的实验。他在实验时，把音叉放在带铁芯的线圈前面，音叉振动时，会在线圈中产生强度随声音而变化的持续电流，如把这个电流输到电线另一端的同样的线圈内，就会使该线圈前面的音叉发出和前一个音叉一样的声音。贝尔认为，每一个金属振动部件都应当能产生电流。他把一个易于振动的薄膜同一个弹簧片连在一起。簧片紧贴在线圈前。然后，贝尔把它们连接起来。在电路中又加上一个电池，实验依然没有成功。直到他用薄铁皮框代替了金属簧片，线圈中的铁芯改用磁棒才终于取得成功。送话器的原理就是这样。

正如我们前文所述，贝尔在费城展览会上成功地展示了他的电话机。专利局将电话专利权最终发给贝尔。尽管爱迪生早一个月递交禀帖，但没有实物，而格雷仅仅晚提交了两个小时，也非常不幸。师承赖斯的贝尔则一举成名。

不过，展览会并不意味着竞争的结束，反倒意味着竞争进一步深入。贝尔和格雷之间进行了长达 13 年的诉讼案。直到 1888 年，美国最高法院最终确认贝尔的发明具有优先权。爱迪生当时大方地承认了贝尔的功劳，不过他并没有为此而退缩和停下对于电话的研究，因为他清楚地意识到这个新发明物有着很多需要改良提升的地方，他反倒沉下心来埋头于自己的研究中。

贝尔的电话在展览会引起轰动，不过很多人只是觉得有趣，“像是一种玩具”，并不认为它会有用。因为贝尔所发明的电话音量非常微小，音质也不够清晰。另外他的发明也只能用于短距离的通话。所以，很多人批评说：“电话这东西仍然不够实用。”为了让公众广泛地采用，贝尔举办了好几次宣讲会，宣传各种有关电话的说明。每一次的宣讲会都挤满了人，大部分的听众依然是为了好奇或是凑热闹而参加的。当然，他的努力也取得了一定回报。1877 年第一份用电话发出的新闻电讯稿被送到美国波士顿的《世界报》，标志着电话开始被公众采用。这一年，贝尔成立了贝尔电话公司。

新的电话公司的成立，使得人们对电话的兴趣逐渐增强，越来越多的大公司卷入到对这一新发明物的竞争之中。尤其是原有的电报公司感受到电话竞争的威胁以及这种新的发明物的前途。

西方协和电报公司的威廉·奥顿看到电话发展的机遇，更意识到如果自己不做点什么，电报公司会因为新的电话公司的竞争而在通讯行业中占据下风，甚至会渐渐衰退。因此，他到门罗公

园与爱迪生进行了一次长谈。

“托马斯先生，我认为电话是一项具有发展性的事业，你认为如何?”

“奥顿先生，你的想法完全正确，电话是以传导电线的电流为关键，但是就目前电话的情况来看，我认为它没有什么用处。”

“托马斯先生，贝尔最近成立了一家电话公司，他必然会将电话加以研究改良，而发展成为电话事业。这也没有什么不对的，只是我认为，应该由我自己的公司来从事电话改良的工作。我认为，能够对电话加以研究改良的人，除了你之外，再也没有其他的人能够担当这一重任，因此，无论如何请你务必要帮这个忙!”

听完奥顿的话，爱迪生思考了一下才开口说：“假如电话能够改良得更实用，且更普遍，那可真是一件好事情。我很愿意帮这个忙。制造一些世界上所有的人都深感需要的实用物品，是我多年来的愿望，所以我要照着我的愿望去改良电话。我很高兴能为电话的改良而尽力。”

电话的改良——炭精电话

为了更好地了解爱迪生在电话改良上的贡

献，我们有必要知道电话的工作原理：送话器和受话器是借助于电流把人的说话声音远距离传送的主要机器。为了把声波振动远距离传送，首先必须把声波振动转变为电流震动。这样一来，送话器就成为传声器。传声器是由装满炭黑的金属盒构成的，盒盖是由硬碳制成的薄片（薄膜）。在薄膜振动时，送话器里的电流性质也在变化。比如，在炭精送话器里，薄膜对与它接触的炭粒的压力发生变化时，连接送话器的电路抗阻也在变化。连接送话器的电路抗阻变化使电路的电流发生变化。电流的这些变化恰好与声波施加于薄膜上的压力变化相符并作用于电话和磁体。受话器是接收器，它由薄膜和磁力系统构成。这两件装置——送话器和受话器——是由铜线连接起来的，沿着这些导线传送电流。电流的变化作用于受话器的磁体。磁体对薄膜的吸引力时强时弱，使它振动。这些振动与送话器薄膜的振动完全符合，让耳朵可以听到声音。所以整个来说就是这样一个过程：声音通过电流又变为声音[①]。

①[苏联]拉皮罗夫·斯科勃洛:《爱迪生传》,南致善等译,商务印书馆,2015年,第66页。

这就是曾经广泛使用的炭精电话。看起来这么简单，却有着如此复杂的原理，而对于彼时的爱迪生而言，更有着很多挑战。

对于这个崭新的发明，爱迪生没有任何经验，更没有现成的书本可以参考，他只能凭想象。不过他清楚地意识到贝尔电话的缺陷在送话器上，所以他将重点放在电话送话器的改良上。他认为，将送话器和受话器分开是研究工作的第一步。

要实现操作简单、声音清晰的目标，爱迪生要攻克的其中一个难题是，用什么材料最合适呢？爱迪生开始探索各种材料。

他先想到采用几年以前的无线电送话器中曾经应用过的容电器，设计了一种短路电话机。他用过水银、煤气管做实验。但是实验效果都一般。

为了找到一种能够发出比贝尔电话声音更大的材料，水银、海绵、湿纸、毡、石墨薄片和油砥石等都一一用来做实验，他先后实验了50多种的不同的送话器和许多不同的受话器。在他的笔记本上，清晰显示着他对每种实验材料结果的记录。比如“NG”、“NB”、“LB”“E”等符号。这是分别表示材料“no good”（差）、“no better”

（不佳）“little better”（稍好）、“encouraging”（令人鼓舞）。实验的效果越来越好，送话器的声音比以前发明的电话的声音大而清晰，但没有一部能使爱迪生感到满意的。

一天晚上，当他在实验室做实验时，油灯不亮了。他发现一种被称为碳的黑材料把灯的玻璃罩子熏黑了。爱迪生把这种碳黑涂在一个金属的轮状物上。用这种物质制成的小盘装在电话里，产生了极佳的效果，它发音比以往清晰很多，音量更比使用电磁原理制造的电话大数倍。爱迪生终于做出了“VE”（very encouraging，非常令人鼓舞）的符号。

这一期间他同时又实验一种动力传话器，送话、受话都很成功。当声音送入这种传话器时，里面的一个线圈就因振动而感应出电流来。当电流流入一个细线绕成的线圈中，便可以放大至任何强度。

电话之争趋于白热化

西方协和电报公司一直关注着爱迪生的电话实验。看到爱迪生的发明取得成功。奥顿邀请爱迪生来纽约，要和他签订合同，约定西方协和有权采用他的一切发明，并答应 5 年中每周付给他 150 元酬金。爱迪生便和西方协和公司签订了合同。

1877 年 4 月，爱迪生为炭精电话送话器申报了基础专利。因为当时专利纠纷甚多，爱迪生的这项专利直到 1892 年 5 月才得以批准。

尽管法院对爱迪生的炭精话筒技术迟迟不予承认，西方协和公司依然想要爱迪生发明的送话器。因为此时，很多人对于这种“电化学玩具”的态度正在改变着，用户的需求逐渐增多。公司希望爱迪生能将发明专利权出让给他们。奥顿直接问爱迪生：“托马斯先生，你的送话器需要多少钱?”

爱迪生认为这项技术至少可以值 2.5 万美元。出于礼貌，他先请奥顿出价。奥顿回答说 10 万美元。爱迪生当然同意这个数目，不过他附加了一个条件。他说：“你想买下改良电话的专利，可以，但是 10 万美元不要一次性全部付给我，请每年付给我 6000 美元，分 17 年付完，直到专利期限无效时为止。”

很多人肯定很奇怪爱迪生的这种要求，这么大一笔钱，大多数人都会急于拿到全部现款，而爱迪生却要求对方分期付款，他有什么考虑吗?

爱迪生对此是这样解释的："我知道我所做的是什么。我的野心比我的工作能力要大四倍。如果一次性得到这笔钱，我会一下子花光，全部把款项投入到实验当中。为了避免因为实验而使以后的生活再次陷入债务和危机中，我决定这样做。"

奥顿得到爱迪生的炭精送话器后，便开始向贝尔公司发起进攻。不久，他在西方协和公司的支持下，用 30 万美元开办了美国电话公司。炭精送话器一经采用，贝尔电话的租户也纷纷要求获得与此性能相同的设备。

爱迪生的"炭精送话器"曾在世界各地都在使用，这种送话机比贝尔的更为优越。在贝尔电话系统中，产生必要电流的因素是人的声音，而这种电流是微弱的；而在爱迪生的电话系统中，人的声音只是用来开闭控制任意强度电流的阀门。从应用的角度讲，爱迪生的送话器还具有另一个突出的特征。在贝尔系统中，通过导线，连接电话机的是原有的弱电流。但是，在爱迪生的装置里，电流通过初级线圈，线圈就能产生与之相应的、却要强得多的电流，这种电流通过导线传向接收机，通话的距离就从几英里一下提高到了数百英里。

这种送话装置的优越性，在纽约至费城106英里长的一段线路上得到了充分的证明。这条线路穿过5条小河，还要从地下经过，并且有无数其他线路与之交错。

这导致两人的竞争越来越剧烈。争斗到1879年8月30日发展到了白热化程度。这天，爱迪生和贝尔都来到了萨拉托加溪市的市政厅，现场表演各自的电话设备。这时，爱迪生的新型电话筒已经回避了贝尔系统所采用的设计方法，代之以马达驱动式的“马达驱动接收机”。对于这次比赛，《纽约论坛报》评论说：“爱迪生的电话声压倒了一切，听众们从话筒中传来清晰的‘玛丽有只小羊羔’、‘昔日有一位小姑娘’等优美清新的歌曲。”人们纷纷感叹电话确实是个非常奇特的机器。

双方的和解

双发的交锋还扩展到了英国，不过最终也在英国得以和解。

1878年秋，炭精送话机被送到英国并进行实验。实验结果很成功。实验以后，又在英国皇家学院作了表演。实验时，在线路的一端用了爱迪生的送话机，而另一端的接收机却是贝尔的电磁系统。因此，贝尔在伦敦的代表雷诺兹上校马上提出警告：除非爱迪生今后停止使用贝尔装置，否则将指控他侵犯专利。爱迪生在伦敦的代表古劳德上校立刻将这一消息电告爱迪生。爱迪生听后，表示要设计出一种绕过贝尔专利的电话接收机。他因此停下已经开始的白炽灯的研制，和全体研究人员一起全力以赴地投入到了电话技术的攻关中。爱迪生用了不到三个月的时间，绕过贝尔专利，拿出了新型的、声响更大的接收机。

1879 年 3 月，爱迪生的侄子查尔斯带着这架接收机到英国。4 月，这台机器和炭精送话机一起拿到皇家学会表演。送话机装在皇家学会在阿尔比马勒街的实验室，接收机安在皇家学会的伯林顿馆，收听效果很好。为了让贝尔的阵营相信，爱迪生一方对待此事并不很在意，爱迪生一方宣布，这架接收机是为了实验，在 5 天之内赶制出来的。

尽管爱迪生的这种“电化学电话”是比它的前身前进了一大步，不过，爱迪生的接收装置确实存在缺点，其中之一就是要不断地转动滚筒。所以说，两家公司谁也没有绝对的技术优势：贝尔公司的听筒性能优良，送话器却不行；爱迪生的送话器虽然领先，但他的听筒却时常发生毛病。因此，当时双方主要是在较量谁的维修工作更佳。爱迪生对派往英国的技术人员实行严格的考核。他安装了一座交换台，配备了10台新电话机，在考核之前，他亲自出马，不是截断某一电话的线路，就是把它的部件搞乱，再不就使电极变污。他说："如果谁能连续解决10个问题，每个问题平均不超过5分钟，我就派谁去伦敦。"

两家公司在宣传方面也展开了争斗，互相宣传指责对方话机的缺点。

1879年秋，贝尔公司抢先一步，获得了一项改良后的炭精送话器的专利权。但这一专利并不那么重要，因为它不能用于长途电话。尽管如此，若非英国邮电部施加压力，贝尔公司也许就会沿此道路发展下去。

爱迪生和贝尔的争吵终于因英国对电报电话的管理办法而平息。1879年9月，英国规定私人电话公司必须向政府申请许可证才允许在英国开展业务、进行营业活动。面对政府的压力，两个都不想申请许可证的私人电话公司决定握手言和，并于1880年6月8日将双方在伦敦的分公司合并为联合电话公司，同时申请了30年的营业许可证。古尔德电告爱迪生说，你的股份是“3万”，爱迪生马上表示接受。当草拟的契约寄给爱迪生时，他才发现所谓3万乃是3万英镑。他原以为是3万美元，这大大超出了他的预料。联合电话公司的成立，使爱迪生—贝尔持续3年的电话之争宣告结束。

在电话的发明与改良上，正如不少人所评价的：“虽然电话的发明无疑应归功于贝尔，但是没有爱迪生革命性的基础改良，它在世界范围内的应用就要缓慢得多。”

爱迪生为电话机所做的贡献，正像他为电报机所做的贡献一样，使得它能进入日常生活，并且成为创造巨大利润的产业。而爱迪生在发明改良电话扬声器时，对声波与膜片振动关系的深入研究使他又产生了新的创意和想法。这一想法给世界又贡献出了一个新的奇迹——留声机。

第六章 会说话的机器——留声机

魔术师又变出了神奇的物件——一台会说话的机器。1877 年，美国的各大报纸都被这样一则消息“刷屏”：“这台新机器差不多与人类一样会说话——真的像人一样。你可以对它说话或唱歌，它就会清清楚楚地重复你说过的话或唱过的歌，并且能让你听出自己的声调来。记录声音的唱片也能保存起来，让你的声音在你死去百年后还能重现。”很多人表示怀疑，觉得这不合理，其中肯定有什么巫术。门罗公园被前去观望的人们挤得水泄不通。宾夕法尼亚铁路还专门开通了特别专列用来运送观众。

创意由来

爱迪生之前所发明的东西，大多都是已经知

道其原理或是对别人发明失败、不完善的东西进行改良，比如黄金报价机、发报机、电话等等，唯独留声机是他创造的。当然，需要指出的是，爱迪生并不是最早有这一设想的人。

摄影术[①]产生后，许多富于想象的人们开始思考，如果图像可以记录，为什么就不能记录声音呢？所以，1839 这一年，诗人汤姆·胡德在《每年笑闻》中就写道："在这发明层出不穷的时代，当自动图画纸已经问世，可以用来复制可见物时，谁能否认将来会有人发明一种重述声音的复写纸呢？"[②] 此后 40 年左右，一个叫查尔斯·克罗斯的法国科学家也曾提出过留声机的设想。爱迪生是在实验电话的过程中产生了留声机的设想。在爱迪生的实验记事簿上有两次记录。第一次的实验没有准确的日期，爱迪生是这样记录的，"我的脑子里想的都是声音振动理论和利用振膜传送声音的

---

①1839 年 8 月 19 日被定为摄影术诞生日，这一天，法兰西科学院向全世界宣布，路易斯·达盖尔发明了摄影术（银版摄影术）。之后，一种名为"达盖尔相机"的照相机开始独占市场。在此之前的 1826 年，法国人约瑟夫·尼埃普斯在房子顶楼的工作室里，拍摄了世界上第一张永久保存的照片。

②李云玲：《爱迪生的故事》，第 45 页。

方法。所以，我很自然地想到：既然能打出可以再现电报机声音的纸带，那么振膜的振动为什么就不能记录下来，再将声音复原呢？于是我匆忙架起一台设备，将一张纸条从中穿过，并在穿纸的过程中喊了声：‘你好！’然后又把纸条抽出，我与班切勒屏息静听。我们清楚地听到机器发出了声响，借助丰富的想象，就可将这声响译成：‘你好’。这样，我决定要进行下一步实验。”

另一段记录则有明确的日期——1877 年 7 月 18 日，记事册上写道：“x 是在中心膜边缘的橡胶膜，在靠近或处于嘴唇的位置时，发音使它产生振动，它将振波传到中心膜，继而传向外层膜。由此，我们发出的辅音被增强，使声膜震动起来——我们刚刚做完这样一种实验。用一种带有凸凹纹的薄膜紧贴蜡纸，并随着发音作迅速摩擦。于是我们发出的‘斯—波—嗑—哥—’的声音振动就被清楚地记录在蜡纸上。毋庸置疑，据此将来我一定会十分完满地储存和再现人的声音。”[1] 这两段记录清楚地显示了爱迪生有关留声

①[美]弗朗西斯·特里维廉·米勒：《人类惠师爱迪生》，第 122 页。

机的设想是什么时候开始的，又是什么时候完善成熟的。

因为不小心被实验中的电报记录机的振针刺到手指后，爱迪生才产生留声机设计的灵感。长期以来，人们一直这样误解，不过这两份记录证明留声机的产生并不是如此地偶然。记录更显示出，尽管爱迪生不是最早产生这一设想的人，但有关留声机的设想和创意无疑是在他无数次的实验探索中产生的。正如爱迪生自己所说的，留声机是他“研究电报和电话原理时，产生的一个新思路的结果”，也是他最终将这一设想变成现实的。

在有了最初的设想后，爱迪生并没有马上将之付诸实践。此时的他正在专心致志地改良电报记录机，同时还在试探生产白炽灯的方式。直到这一年的 11 月份，他的助手 E·H·约翰逊向《科学美国人》透露说，门罗公园实验室已在考虑“一种非常大胆的设计，这种装置将把人的声音记录在纸条之上，日后何时想用，便可以自动将声音复原，并具有原来说话人的发音特点。”①该刊的编辑由此在一篇社论中推测，这种装置可

①李云玲:《爱迪生的故事》,第 46 页。

能不久就会问世。这本刊物是当时全世界最顶尖的科学杂志。社论很快也被各大杂志转载。箭在弦上，不得不发，爱迪生很快将自己的工作重心转到这一新发明上。

提上日程

1877 年 12 月初，爱迪生把设计图纸交给他的机械师。那天清晨，爱迪生起得很早。他兴冲冲地走进办公室，掏出一张标明工价 18 美元的机械设计图，交给约翰·克鲁齐。他是一位机械师，爱迪生请他马上照着图纸试制出来。图纸是爱迪生前一天晚上画出来的，上面标注有准确的说明和详尽的细则：沿一金属滚筒刻出螺旋槽。将滚筒装在一个可从一端用摇柄转动的轴上，滚筒亦可在轴上作平行移动。在滚筒的两端均装有振膜，每个振膜都伸出一支针可以移至滚筒的螺旋槽。

接过草图后的机械师百思不得其解，不知道这个机器会有什么用途，他忍不住问道："先生，这是什么机械？"

"这是一台会说话的机器，请你赶快照图样做出来。"爱迪生把手一挥，急不可待地说。

克鲁齐在纽瓦克工厂时就跟着爱迪生做事，

也见识到他的老板会经常做出一些让人意想不到的物件，不过会说话的机器还是太荒诞了，让人不免疑虑。在场的还有一位工头卡曼，他与克鲁齐一样，不相信爱迪生的回答，摇着头说机器是不会讲话的，并且愿意以一把雪茄打赌。克鲁齐也兴奋地附和道，他情愿出两元钱。爱迪生对此笃定地回答："克鲁齐，我没有带钱，不过我愿意和你赌一桶苹果。"

带着强烈的好奇心，克鲁齐跑到车间，照图样制作起来。他做得很投入，饿了就稍微吃点东西，一直做了 30 个小时，机器终于造好。机械师拿着完成的机器三步并作两步地送到爱迪生的办公室。

机器说话了

12 月 6 日这一天，看着制造出来的机器和设计的完全一样，爱迪生脸上露出了微笑。厂里的大多数人依然对此持怀疑态度，这时也纷纷好奇地围拢过来。

爱迪生将一片薄薄的锡箔卷在滚筒上，把振膜的针调好位置，对准缠在螺线起点的锡箔上，接着开始转动机器动杆上的手柄，然后他弯下腰，对着振膜开始讲话。他背诵着那首他最爱的儿歌，“玛丽有只小羊羔，它的毛发白如雪。无论玛丽走到哪儿，小羊羔就跟到哪儿。”大家都屏息地看着爱迪生的操作。爱迪生从留声机振膜上把针退出，将滚筒恢复原位，然后把另一振膜的针头对准锡箔。他再次重复转动手柄。奇迹出现了，笨重的机器发出了微弱，但无疑是属于爱迪生的声音：“玛丽有只小羊羔，它的毛发白如雪……”从未见到过这种景象的同事们纷纷被逗得大笑起来。爱迪生也笑着按照第一次操作的过程把机器恢复到原位，旁边的克鲁齐忍不住用德文惊叹道：“我的主啊！”再次重复操作机器，机器便又发出了“我的主啊”的声音，微弱但很真实。

门罗公园里的同事们觉得这是他们有生以来感受到的最大震撼，他们围着爱迪生和机器激动不已。工头卡曼则笑着说道：“看来我输掉赌局啦。”他掏出一支雪茄递给老板。老板则平静地吸着烟走开了。

事后，爱迪生说：“在我的一生中，从来没有如此吃惊过。我也很担心第一次实验……大家也都感到惊讶。对于一试就成的东西，我总是放心不下。长期的经验告诉我，这种东西还有许多缺点，离商业化程度还有一定距离；然而，成功无疑是摆在了眼前。”

当天晚上，爱迪生并没有一味地沉浸在成功的喜悦中，而是和克鲁齐两人继续关在实验室中，反复实验。发明家对着滚筒上的锡箔翻来覆去地朗诵“玛丽有只小羊羔”的诗歌。期间又唱歌，又吹口哨，又叫喊。偶尔累了，就由克鲁齐继续对“冥顽不灵”的锡箔讲着德语、瑞士语。他们忙碌了一个晚上，到天亮时，逐渐能使锡箔更妥帖，手柄与滚筒更稳定。每记入一歌一文，发音也越来越清楚，他们惊喜万分。

尽管这时的留声机依然还需要进一步改进，不过爱迪生还是乐不可支。“我已有了许多项发明，但只有这个才是我的亲生孩子，我急盼它快点成年，以便在我晚年尽点照顾赡养之责。”这段话最能代表他当时的心情。

纽约首秀

爱迪生迫不及待地想让更多的人知道他有一个厉害的亲生娃。当天一大早，彻夜未眠的他把机器包裹好，和约翰逊就来到《科学美国人》在纽约的编辑部。杂志社的主编 F·C·比奇（F. C. Beach）先生在他的专栏里如实记录下当时的情景：

> 那天早上，我刚在办公桌前坐好，托马斯·A·爱迪生先生就来到编辑部，他一进来就很小心地将带的一个包裹放在了我们的办公桌上。当他解开包裹时，我忍不住问他“这是什么？”他说“等一分钟”，然后他把一台小小的、怪模怪样的机器拿出来。接着他一边对我说：“你看这个”，一边转动手柄，然后我很惊讶地看到这个机器向我们问安，并问我们是不是喜欢留声机，告诉我们它一切都很正常，还友善地祝我们晚上好。这些话，不仅我们可以清楚地听见，连周围聚拢来看热闹的十几个人也能听见。

比奇震惊了，周边围拢的人也觉得太神奇。爱迪生脸上带着笑容，当着杂志社编辑们的面，又开始操作他已经操作过许多次的动作。他转动着手柄，对着话筒说着：“玛丽有只小羊羔……”然后他又重复操作机器，机器再次清楚地复述着他的话。忍不住好奇心的比奇和他的同事们纷纷实验着。每个人乐此不疲地录音、重复播放。

这时，其他报馆的记者们也闻讯而来，都想探听这奇特的消息。从新闻记者到各色各样的人，都挤到编辑室来，编辑室快给挤爆了。爱迪生一试再试，一直持续了两三个小时。直到主编比奇担心人太多，地板超重而坍塌，才决定请爱迪生停止实验。

纽约首秀成功，并且以这样一种戏剧化的方式收尾。

震惊全世界

纽约首秀的第二天早晨，纽约各大报社纷纷对这一新发明作了详细报道。正如本章开头所言，“近日最大的发明——一个机器会说话”的消息很快在全世界“刷屏”。当时法国的儒勒·凡尔纳已经写出他著名的幻想小说《海底两万里》、《八十天环游地球》。而爱迪生的留声机比当时盛行的幻想小说更吸引了人们的眼球，因为他将幻想变成现实了！

当爱迪生公布他在电话上的改进时，报馆已经称他为“门罗公园的魔术师”。在爱迪生研制出留声机之后，社会上更认为这一称号他当之无愧。世界上每一件新发明产品的出世，都能够轰动一时，但没有比这留声机更引起人们震撼的。很多人来的时候满腹猜疑，走的时候则心悦诚服。

全国各地对于爱迪生的发明都极为赞美，留声机几乎被描写成了具有神力的东西，发明家收到世界各地的祝贺信，这也使爱迪生平添了不少的人事纠缠。不过他依然故我，仍然穿着一双旧皮鞋，显得朴实无华。火车增开专列前往门罗公园，好奇的人们包括牧师、科学家成群结队地乘车向这原本宁静的实验室涌来。爱迪生不厌其烦地对着留声机喊着“喂、喂、喂”，或者“玛丽有只小羊羔”表演给大家看。

越来越多的报章杂志对门罗公园以及发明家本人产生了兴趣。不善言辞的发明家被描述得令人不可捉摸。爱迪生还成为人们绘画的对象。漫画家把他绘成一个穿了飘垂的黑长袍，戴着中世纪炼金家的锥形便帽的非常人物。他在奇形怪状的瓶罐旁边，弯着腰，调弄着散发蒸气的药液。他能和强大的能力相嬉戏，他会从空中引出火花来，能从一张锡箔上发出声音来，俨然是一个玩弄戏法的术士或“魔术师”。

当然，有的报纸杂志上也出现了不少攻击爱迪生的谣言。一些人不相信，他们认为爱迪生的发明是利用人在模仿，在重复，而不是在录音。有的同行甚至出于嫉妒，说他简直是一个诡计多端，胡说八道的大骗子。

寄到门罗公园来的信札一天天地增多，信箱

中容纳不下了，后来换成一个巨大的筐，世界各地的人们都写信给这位发明家，有的请他解答疑难，也有的向他借钱。爱迪生的实验工作繁忙，以致没有时间写回信、发送电文。为此他还邀请西方协和公司的东线主任格列芬到门罗公园担任秘书，来处理相关信函。

亮相首都华盛顿

1877 年 12 月 24 日，爱迪生向美国专利局提出专利申请，专利局的检查委员一致认为这一发明非常新颖，在美国历史上从来没有机器能记录声音或说话，所以这次的专利权很快获批，第二年的 2 月 19 日就获批准，专利号是第 200521 号。专利上如此记载：将可由人声或其他声音震动的盘、振膜或其他物体与另外一部分材料连接，这部分的材料可由压力、刻蚀或其他方法改变表面，从而能够记录下振体的运动痕迹。这种记录下的痕迹，装在第二个振动盘上，便会将振体的声音重现。另外，这份专利书还提到了使用转盘代替滚筒、使用熟石膏做模具，翻制原声唱片以及其他一些改进措施。

获得专利后的爱迪生依然和同事们日夜不停

地改良机器。有人甚至传说，当这个机器重放录音时，还会偶尔听到爱迪生的骂声："你这愚蠢的东西，你不会好好地说小羊羔。"不管传说是否准确，爱迪生的确是不断制造实验新机器，实验结果不好就把它们全部拆毁。

1878 年 4 月 18 日清晨，门罗公园接到华盛顿来的电话，邀请爱迪生到首都向国会议员展示他的留声机。因为海斯总统对留声机感兴趣，还将邀请他在白宫展览。在班切勒的陪同下，爱迪生乘车来到华盛顿。这次的展示聚会场所设在著名政治家詹姆斯·G·布莱恩（James G. Blaine）的侄女盖尔·汉密尔顿（Gail Hamilton）家中。这位宴会的主人是当时一位颇有声名的作家。

此时的爱迪生 31 岁，这是他第一次穿一身全新的带条格的西服，很多人见到这位年轻的发明家都很惊奇。这次聚会的时间很长，白天往来不断，晚上还有人来看发明家和他的发明。爱迪生不断地向这些社会名流讲解留声机的功用。

这天的聚会有一段小插曲很有意思。当时，纽约的上议员罗斯科伊·康克林（Roscoe Conkling）也来到现场。这位参议员曾在爱迪生的四重发报机的诉讼案中严词盘问过爱迪生。不知爱迪生是否有意为之，再次演示留声机的时候，他唱了一首童谣："从前有个小丫头，头上一撮小卷发，长在额头当中。当她高兴时，她是很好的。但当她发脾气的时候，她却坏透了。"

当留声机重复这段童谣时，不少人开始意味深长地大笑起来。因为在场的很多人都知道，康克林议员有个古怪的相貌，几近秃顶的脑门上残留着一小撮卷发，这一撮卷发经常被漫画家们取笑，所以康克林对这一撮卷发很敏感。当康克林听到录音机发出的爱迪生的声音以及周围人的哄堂大笑时，脸都变色了。不管怎样，发明家还是不动声色地调侃了一下这位议员。

晚上11点，爱迪生接到白宫的通知，海斯总统要参观他的留声机。爱迪生带着他的发明物乘坐马车来到白宫。总统和几位贵宾已经在那儿等着他了。其中就有内政部部长卡尔·舒尔兹[1]。

---

①卡尔·舒尔茨，Carl Schurz，著名的政治家。出生于德国，早年学习钢琴。1849年因直接参加德国革命战争，失败后流亡，后移居美国，生活在宾夕法尼亚州的费城，1856年定居美国。在1860年曾为亚伯拉罕·林肯竞选总统奔走呼号，林肯当选后出任西班牙公使，提倡解放黑奴。海斯成为总统后，任命他为内政部长。

爱迪生在总统面前的表演仍然十分成功。看着这个会说话的机器，海斯总统非常高兴，毫不顾及时间已经是半夜12点，还急忙跑到夫人卧室，让她赶紧穿好衣服出来。总统夫人又招呼着到白宫做客的其他女客们，一起跑出来看神奇之物。爱迪生被大家包围着，在白宫足足表演了三个钟头，直到清晨3点才离开。

主教的质疑与登门造访

人们对爱迪生的留声机的好奇热度不减，到门罗公园来观光的人有增无减。他们基本见到的就是这样一幅景象：爱迪生的两只手被煤油弄得污秽不堪，头发蓬乱，衫衣上领子也没有了，鞋子上沾满了泥巴。不用说，他在埋头工作。当有参看的人问他问题时，他也总是耐心温和地回答。甚至有时在给大家表演时，他会向留声机唱着小儿歌、咳嗽着、高声大笑着或者吹着口笛。

他还给大家展示改良后的留声机。此时机器上已经没有滚筒和手柄了，取而代之的是一个转动的圆盘。爱迪生断言这种机器能够把音乐会的整个演奏记录下来。

改良后的留声机更加广为传播，但不久又有

人称这是一种骗局。这次不相信有“会说话机器”的人是一位名叫约翰·H·文森特（John H. Vincent）的主教。他公开对大家说：“爱迪生是没有良心的骗子。”因为这位主教一向为大家所尊敬，每逢他布道时总是座无虚席。所以经他这么一说，爱迪生的声望立刻下降。爱迪生很有礼貌地给这位主教写了一封信，信中告诉主教，如果他有质疑的话，就邀请他到工厂亲自查看。这位主教收到信以后，毫不犹豫地接受了邀请。

在路易斯·米勒①的陪同下，这位主教来到了门罗公园。爱迪生首先向留声机朗诵了一节英国诗人托马斯·格勒有名的诗：“世界上高贵的人们，不要用轻蔑的笑来听穷人们虚幻的故事；还有愿望高尚的人们，也不要用不耻的笑来看他们劳苦、朴素的喜悦”。看着留声机重复着诗歌，主教不由得惊叹：“这真奇妙！”然后，爱迪生对主教说：“如果您亲自对这个机器说话，它会让您更满意！”主教走到话筒前，以飞快的速度念出一连串从圣经上摘录下来的人名：“摩西、所

①在这次会面中，爱迪生与米勒结交为好友。后来，在爱迪生的第一任妻子去世后，他娶了米勒家的女儿。

罗门、亚伯拉罕、腓利门、帖撒罗尼迦、阿尔普哈则沙德”。爱迪生把滚筒转回原位，摇动手柄。机器不发抖，不口吃，立刻对着这位主教把这些名字复述了出来，速度同样飞快、准确。主教感叹道，真是见魔鬼了。

主教认输了。他对爱迪生说：“我满意了，恐怕在全世界也没有人能像它这么快地背诵这些名字。”

婴儿哭声的唱片

留声机的“出生”几乎和爱迪生家的第一个孩子的出生时间差不多。第一次当上父亲，爱迪生对女儿自然宠爱有加。婴儿牙牙学语时，咿咿呀呀的童声非常动听，爱迪生如获珍宝似的将它们收录到留声机，灌进唱片中，小心地珍藏起来。

不过这个父亲还远远不满足，他像个顽童似的。他觉得孩子最有趣的声音是她的哭声。所以爱迪生心想，如果把孩子的哭声灌进留声机，等孩子长大成人后，听听自己婴儿时期的哭声，肯定是很有趣的画面。而对他来说，如果在晚年的时候，一开留声机就能听到第一个孩子的哭闹声，那该多温馨啊！

心动不如行动。有一天下午爱迪生放下工作，带着留声机来到婴儿房。孩子一直在笑，看到留声机也不害怕。于是他又装鬼脸，做出可怕的样子，但孩子反倒觉得更好玩，咯咯笑起来，就是不哭。第一次以失败告终，爱迪生有点沮丧，因为孩子没有按时哭，浪费了他一个小时的工作时间。

爱迪生并没有罢休。第二天下午他又到了婴儿室，这次孩子依然像天使一样快乐地笑着，就连留声机的齿轮转动声，都能让她咯咯地笑着。发明家再次以失败告终。连续几天，他都没有完成任务，这任务看起来好像和发明任务一样艰巨。

发明家自然不会轻言放弃的。因为意志坚定是他成功的秘诀。在这件事情上，他同样如此。这天他又照常带着留声机进了婴儿室，孩子还是带着阳光般的灿烂笑容迎接他。他决定做一件恶劣的事情。他故意跺了一下脚，没想到脚下一滑，把放奶瓶的小桌子踢翻了。这一下，婴儿真的吓哭了。听到孩子的哭声，爱迪生顾不得其他，只顾转动唱机的手柄。此时在厨房的夫人和保姆，听到孩子的哭声赶快跑出来。这次，爱迪生被夫人臭骂了一顿。

机会还是来了。几周以后，爱迪生夫人把女

儿带到实验室去见她的父亲。正好有一件大机器开动，机器的声音十分响亮，受到惊吓的孩子，立刻咧开嘴，大哭起来。爱迪生激动地对助手喊着："停下机器，快开留声机！"爱迪生实现了录制小孩哭声的愿望。

留声机的功能

尽管这位父亲在家里把新发明作为一种玩具来使用。不过他和其他人一样充分意识到他的新发明的重要性。对于留声机的功能，爱迪生有着清楚地设想。在 1878 年 5—6 月号的《北美评论》杂志上题为《留声机及其未来》的文章中，爱迪生罗列了下列 11 条：

1. 无须速记员帮助来写信和做各种口述；

2. "录音书籍"能直接与盲人谈话，无须有人从旁帮助；

3. 教习发音、朗诵和演讲；

4. 音乐欣赏；

5. 家庭记事簿；

6. 记录杰出政治活动家、科学家、音乐家的讲演，也可记录死者生前的遗嘱；

7. 充当游戏用的发音盒，做广告、声明；

8. 报时用：提醒人们按时回家、就餐、开会或从事其他预定工作；

9. 学习外国语言的正确发音；

10. 教学辅导：学生在任何时候都可以播放老师的讲解，用留声机录下讲课以便于加深记忆；

11. 作为电话附件，使留声机与电话机连接起来，传送永久性的报道。①

就这份清单，爱迪生还强调说，“只是一种初步设想”。这许多设想早已变为现实。留声机几乎可以应用在人们日常生活、工作、学习的方方面面。以最后一条来说，爱迪生已经注意到电话机使用的局限性。

爱迪生开始将留声机推向市场。第一架公开出售的留声机是由西格蒙特·伯格曼的小工厂制造的。而后，美国第一次展览留声机的会场则设在纽约百老汇大街 203 号。之后又到费城、芝加哥、新奥尔良等城市展览。

爱迪生对发明物的要求是：价格低、耐用、

①[苏联]拉皮罗夫·斯科勃洛：《爱迪生传》，南致善等译，商务印书馆 2015 年版，第 74 页。

操作方便。他知道，最初设计的留声机不完善，未必能满足普通用途。为了消除这些缺点，爱迪生不断对留声机进行改良。不过在 1878 年，因为爱迪生又冒出新的发明点子，所以他将留声机搁置在一边。直到 1888 年，他才再次改良留声机。

新式留声机

1888 年的一天，纽约《世界杂志》的一位记者在实验室中见到爱迪生，他正忙着实验他的新“婴儿”。他在自己面前把几面镜子巧妙地排列起来，它们能把一盏电灯的光线经过来回地反射后，集中在一个非常光滑的圆盘上。在他身边又有一架新近完成的圆筒式留声机。

爱迪生解释道：“我在留声机方面从 1878 年以来就一直没有改进过什么……我的时间全花在电灯上去了，我现在决定抽出一些时间来重新研究留声机。”

“这留声机一定很有前途吧？”

“是的，极有希望。我想把它改良得适合于商用，并且希望它能够记录人们口授的言语。如果装在办公室里，可以代替速记生工作。这机器运用的方法很是简便，就是小孩子也会管理。老式的留声机本来已经很完善了，不过新的这种将是自动的，利用弹簧来发动。银行家、商人、律师、编辑们想关照佣人说话时，可以躺在沙发上，抽着雪茄，安逸地向着它口授说话。把这机器交给佣人，他们拨动弹簧后就能叫它再复述一遍主人说过的话。有遗漏时，只需把弹簧转回来，它又会把话再复述一遍。如果在家里置备一件，那么当他忽然想到一个念头而又担心以后会遗忘时，只需偷偷告诉留声机，它明天便会再告诉他的。”

这年整整一个春天，爱迪生都在实验室研究留声机的问题。到了夏天，他公开宣布一种改良后的新式留声机问世。这项工作耗费了他巨大的精力和宝贵的时间，也整整花费了他200万美元。

爱迪生的新式留声机使用了浮动唱针，由电机驱动，用蜡作录音材料。它的录音转筒用的不是浸蜡硬纸板，而是实心蜡烛。当一层蜡磨秃后，还可以将其刮去，在新的表面继续录音。

这种新机器远远超过10年前的产品。新式留声机再次在美国流行。许多人对着话筒唱歌或者说话，然后自己回放听着自己的声音，这似乎成为当时的一种流行。爱迪生自己也玩得不亦乐

乎。他经常倒着唱歌曲，或者混合各种演说使声音变得滑稽可笑。有时，他还忍不住会捉弄来家里做客的客人。有一次，一位客人来访，爱迪生悄悄把留声机藏在家中的客厅。到晚上11点钟的时候，客人突然被一个声音叫醒："还有一个小时的时间！"惊醒后的客人环视下周围，没有人，接下来睡着了。到了半夜12点，睡觉的客人又被声音惊醒。只听那个声音愤怒地喊着："准备好受死吧。"睡眼惺忪的客人惊慌失措地从屋里逃出来。此时站在门外的爱迪生却幸灾乐祸地大笑着。

风靡英欧大陆

在英国的古劳德上校收到了一台新式留声机，他把它拿到伦敦郊区的"小门罗公园"进行宣传。他还鼓动名人参观他的留声机表演。在诺伍德举行的一次私人展览吸引了很多名人，而在英国水晶宫举办的公开展览更给人留下了深刻的印象。

在座的客人们从留声机中听到了爱迪生向大家问好，然而最震撼人们心灵的则是"留声机的问候"。这段问候来自于当时一位非常著名的神学博士霍雷休斯·纳尔逊·鲍尔斯。爱迪生录制了一段由博士朗诵的“留声机的问候”：

我捕捉了悸动的空气，我储存了音乐和话语。

所有变换的嘴唇都是我的；

我会说话，毋庸置疑的言辞证实着他们的身份和迹象。

我是坟墓，是天堂，是神殿。

是天使，预言家，奴隶，永恒的朋友；

我生来就是为了记录他们的语言，能证明罪犯有罪和争论的结果。

我体内是不朽的灵魂。我是耳朵，

真相是无瑕的，而我是真相特有的喉舌。

我是昨天的复活者，

人们倾听时由我来代替死者与生者交谈。

你们好啊！英国的海岸线，家乡及和平的商场，

新的战利品，格兰高地，还有待赢取。

祝愿甜蜜，愉快和兄弟情谊昌盛。我来源于爱迪生新生的一员。[①]

英国首相格拉德斯通被深深感动，他也应爱迪生的请求灌制了第一张英国唱片。整个欧洲都沉醉在这个新式留声机中。维多利亚女王在白金汉宫花费好几个晚上听留声机；德国的威廉二世觉得“这个发明让人惊讶”，他还拆解留声机，检查机器的构造，亲自向朝野大臣们解说留声机的构造，而后又在唱片中录制自己的声音；德国首相俾斯麦认为留声机可以用来录制外交谈判的内容，他也录制了自己的声音；奥地利的君主弗朗茨·约瑟夫不断地要求试听；比利时国王认为留声机是“时代的奇迹”；意大利国王亨伯特一世灌制了很多官方记录。

不过有一个国家例外。留声机在俄罗斯首都彼得格勒中央公园公开展示的时候，会场挤得无立锥之地。宣传员把留声机放在台上，播放预先录好的俄罗斯国歌，接着播放音乐，最后播放“雷克诺夫寓言”。而这段寓言内容是讽刺俄罗斯皇帝，是

---

①[美]弗朗西斯·特里维廉·米勒:《人类惠师爱迪生》，第134页。

被当局稽查禁止的，违犯者最重的可处死刑。所以，正在播放的时候，突然一队警官挤进会场，粗暴地将留声机处以死刑，留声机被踩得粉碎。宣传员当然只好连连道歉，后被监禁三个月。

正如留声机的问候所言，它成为“昨天的复活者”，它所录制的很多的名人唱片，成为今天的无价之宝，现在收藏在“伟人声音录”中，在爱迪生的故居中保留着，人们随时都能通过唱片与死者“交谈”。

留声机的广泛应用

留声机问世后，最初更多的应用在非娱乐性用途上，比如工商业管理、会议记录、审判记录等等，因为相比使用速记员，留声机的价格低廉，记录也更准确。

不过，很快，人们意识到，这种新机器在录制音乐上前景更广阔。在 1888 年的亨德尔音乐节，举行了第一次留声机音乐录放表演。留声机精确地记录了亨德尔宏伟雄壮的曲调及其感情变化和音色差异。看到这一广阔的市场前景，爱迪生公司把全部人力物力都投在了录制音乐的生产上。这就是转筒式唱机。几年当中，工厂为了应

付纷至沓来的订货，几乎到了手忙脚乱的地步。不过后来随着唱片的出现，爱迪生转筒式唱机的发展遇到了威胁。

为了与唱片竞争，爱迪生在纽约开办了一家录音室，录制大都会歌剧院的某些表演。不过爱迪生公司规定，公司所录制的乐曲只能按照爱迪生本人的观点去进行选择。因为他坚持“以最健康的曲调获得最大数量的听众。”

爱迪生依然不愿意轻易放弃唱筒而改用唱片。他在 1909 年推出的一种从两分钟增加到 4 分钟的密纹唱筒，虽然质量很好，但却没有好到足以使公众抛弃唱片而购买唱筒的地步。直到 1913 年爱迪生才做出废弃唱筒的妥协。接着，爱迪生公司推出平面唱片夺回了失去的市场。

10 年前的爱迪生就设想过，留声机可以用于研制会说话、会唱歌、会哭、会笑的玩偶，或者是装备于能够发出声音的机械玩具上。不过，10 年过去了，市场上仍然见不到会说话的玩具。爱迪生决定开拓这一市场，他集结 250 名工人在玩偶肚皮内安装“必要的声话装置”，工厂每天能生产 500 个这样的娃娃，顾客可根据需要选择不同的发声内容——主要是童谣，录制的声音都是工厂女工们的声音。1889 年圣诞节，爱迪生送给奥地利王储的小女儿伊丽莎白一只玩偶。这只玩偶不仅会唱童谣，还录了一段孩子的一位亲人为王储写下的诗句。爱迪生的新型留声机在保真度方面已远远超过了他早期的设计，他不失时机地占领了玩具市场。他的顾客不仅有英国首相格雷德斯通先生，还有维多利亚女王，有小说家亨利·欧文等等。

爱迪生还设想以留声机充当办公用品，他听说托尔斯泰平均每天要答复 25 封来信，就赠送给这位作家一台留声机。爱迪生希望办公时，留声机和打字机能配合使用。不过，在配合使用的过程中，如果打字员漏掉了几个字，反倒有麻烦：每当这时，打字员就不得不停止打字，将唱针倒回一段距离，然后静等错过的词句重新播出。为了避免这种麻烦，爱迪生在机器上添加了一根移动唱针的拨杆，使性能有所改进，但打字员仍需停下倒针，等待重述。最后，爱迪生设计出了一种联动键，装在打字机键盘的边上。如果打字员错过了几个字，她就可以按一下联动键，接通电路，使唱针抬起，唱片自动按选定的位置回倒，然后将错过的一段播放出来。办公系列中，爱迪生还设计了一种电话留声机，就是将留声机与电话相连，自动记下电话内容。

为了提高这架小机器的质量，爱迪生断断续续，不知花了多少心血。直到 80 岁那一年，还在孜孜不倦地追求留声机的改进，围绕着留声机他就申请了 65 项发明专利。1927 年，爱迪生完成了一种“长时间演奏的”留声机，每张唱片能保持 40 分钟之久。他说道：“六七分钟的音乐是太短了。”

留声机是爱迪生改变人们生活的三大发明之一，“从发明的想象力来看，这是他极为重大的发明成就”。到这个时候，这位“门罗公园的魔术师”已经声名显赫了。

第七章
“电”光普照全世界

《圣经》中，上帝说，要有光，于是就有了光。少年时代就熟读《圣经》的发明家想有“电”光，于是就有了电光。门罗公园的魔术师再次将人类带入“电光时代”，不过这一神迹不是伸手一指就能实现的，而是发明家每天工作 18 到 20 个小时、实验成千上万次实现的。

电灯实验的契机

自从普罗米修斯从太阳神阿波罗那里盗来了天火，人类开始在黑暗中见到了光源：有了篝火、火炬、松明等；后来又有了带灯芯的照明物，有煤油、蜡烛、瓦斯灯等。虽然在 19 世纪，很多人对夜间照明还持反对态度，不过已经有科学家们对电光进行探索。

1808 年，英国的戴维将导线连在电池上，然后再与两块相距很近的炭极相接，这样两极之间就出现了耀眼的光芒，他由此发现了电弧灯的原理。电弧灯发明出来之后，英国在灯塔、剧院和广场等户外有限地采用了电弧灯。后来，美国和法国也渐渐将它用于街道照明。

不过电弧灯有很多缺点：一是光芒刺眼；二是炭极之间的距离必须不断加以调整；三是炭精打火之后，会冒出呛人的气味和黑烟，所以它不能被普遍采用并用于室内照明。长期以来，人们依然采用煤气灯、蜡烛或者油灯做家庭照明。20 世纪开始，很多科学家开始着手探求发明一种经济实用的家用电灯。

这一时期的爱迪生在门罗公园的岁月是愉快的。事业上，许多重大的发明陆续取得成功；家庭上，他的女儿和儿子相继出生。他用莫尔斯电码所使用的符号，为女儿取名为“多特”，英文是“dot”，意思是“点”，称儿子为“德西”，英文是“dash”，意思是“长横线”。他喜欢孩子，但他与妻儿在一起逗乐的时间很少。即便相处时，爱迪生也是个不寻常的父亲，他不懂得用温存的方法，而是开玩笑戏弄他们，孩子们往往被逗哭。最关键的是，当爱迪生进行实验发明时，就忘记了一切。直到晚年，爱迪生也不知道什么叫假日，工作起来总是废寝忘食。

不过在1878年，爱迪生开始了他31年来的第一次旅行。留声机发明出来后，许多人慕名而来访问爱迪生并观看他的发明，这占去了他的很多时间，时间的紧张、长期的工作使得他的身体状况变差。正好宾夕法尼亚大学的乔治·巴克（George Barker）教授写信邀请他到美国西部旅行，爱迪生决定短期休息一下，欣然答应了教授的邀请。

他们一行在怀俄明州观看了这一年7月份发生的日全食，而这也是爱迪生欣然接受巴克教授邀请的主要意图，趁此机会实验一下他刚发明的新仪器——压力测热表。同行的有来自于宾夕法尼亚大学、普林斯顿大学、哥伦比亚大学的教授们，都是对太空和星球有专门知识和兴趣的科学家。爱迪生的新仪器又一次产生惊艳效果。仪器能测量华氏温度计一度的百万分之一，大家纷纷被仪器的灵敏度所震惊。

实验成功之后，爱迪生带着愉悦的心情和友人们进行了一次狩猎，差点与一只像熊一样的野兽亲密接触。在巴克教授的建议下，他们又一起到加州约塞米提溪谷开矿区进行了参观。当爱迪生看到工人们正在挥汗如雨地用十字镐挖矿时，他不由地说：“你看，那些人在浪费时间和劳力啊，附近不是有瀑布吗？如果利用瀑布的水来发电帮助工作，工人们就不必那么辛苦，效率却要高几十倍呢！”

“一点也不错。”一旁的巴克教授随声附和道，“能成功地利用电气的人，才会成为人类的恩人。”

“巴克教授，我相信不久的将来，全美国的瀑布都会用来供作水力发电。电力不但可以供应工厂，也可以送到人们的家庭供取暖和炊事之用。还有，电气的能量如能转变成光，作为照明的话，那么，现在我们所使用的这种有臭味、暗淡而不方便的煤油灯和瓦斯灯，就派不上用场了。”

巴克教授告诉爱迪生，康涅狄克州的威廉·华莱士（William Wallace）正在做发明电灯的实验。对此很感兴趣的爱迪生，在归途中决定去见华莱士。

华莱士在爱迪生面前把他的“远距离发电机”连接起来，并且点亮了一盏弧光灯。爱迪生见了兴奋非凡，他虎视眈眈地望着那架机器。他从发电机那里赶到弧光灯处，又从弧光灯处赶回发电机那里。在详细了解了华莱士研制电弧灯的工作后，握手离别时，他坦率地对华莱士说道："华莱士，我相信在电光的制造上我一定能将你击倒。我认为你的研究方向是错误的。"

华莱士说："我相信弧光，我不相信电流能剖分，不过我预祝你成功。"

带着华莱士赠送的一台发电机和一组电弧灯，爱迪生回到了门罗公园研究所。"休息旅行"成为爱迪生研究电灯的契机，他把所有的事情全弃置一边，埋头研究电灯的问题。

寻找投资

从 1878 年 9 月开始，门罗公园的研究所成了研究电灯的战场。爱迪生是总指挥，有 7 个经验丰富的人当助手。制造电灯，既要找到一种不易断的制造灯丝的材料，又要保证玻璃容器是个良好的真空，实践起来很不容易。爱迪生在谈到白炽灯的制作过程时强调："我在电灯方面建立了 3000 种不同的理论，每种理论似乎都可能化为现实。可是，我在实验中只证实了其中的两种行得通。这么说，并不是言过其实。”尽管研制电灯有很多困难，爱迪生经过反复比较，决定集中精力研究白炽灯。他确信白炽灯成本低，耗电少，只要解决了寿命问题，就有成功的希望。

爱迪生首先寻找适于制作灯丝的材料，并试图设计出最佳形状。他又开启了疯狂的实验模式。在一年的实验中，他使用过的材料包括炭化纸、玉米芯和各种纤维，有几十种之多，但都没有成功。因为这些材料过于脆弱；另外，还缺乏良好的真空技术。

他不断地投入实验。要进行一项发明，必须有大笔资金作后盾。爱迪生曾经在纽约《论坛报》的记者面前解释过利用瀑布的水力发电的理论。那个记者对他说道：“如果你真的能制造出电灯来取代煤气的话，那你一定可以赚得一大笔的钱了。”

爱迪生回答道：“我的目的倒不在于赚钱，我只想跟别人争一个先后。我已经让他们先我而开始研究这个问题，可是我相信我现在一定能超过他们。”

爱迪生并不是说什么动听的话，因为金钱于他而言主要的价值，就在于能用在实验上面。因为研制留声机，爱迪生投入了巨大的资金，所以研究白炽灯的时候，爱迪生就面临着资金短缺的问题。爱迪生不得不寻找现金支持。

第一个出面支持的人，是西方协和公司的总律师格罗斯·P·劳里。劳里建议先成立一家股份公司，以便为实验提供经济援助和申请专利。他很快帮忙找到一些投资家，有诺尔文·格林、J·P·摩根、埃吉斯托·P·法布里等人，他们愿意每星期固定地拨出一笔资金，保证研究能够继续进行。在跟进了几个月之后，投资家们开始怀疑这项投资是否值得？后来在劳里的建议下，他们合伙成立了电灯公司，拿出30万美元来支持爱迪生搞电灯的发明，但要求能持有爱迪生在电灯、电力和电热等方面的一切发明专利，并有权将这些发明专利以颁发特许证的形式卖给他人。

非议中的艰辛探索

爱迪生相信他能够剖分电流，发明一种代替煤气灯而且价格要便宜得多的白炽灯，这种灯不会发出刺眼的火焰，也不会发出噪音，它没有可厌的烟气，也不会把天花板或家具熏黑。

爱迪生剖分电流的设想也引起不少人的非

议。一位名叫佩吉·希格斯（Paget Higgs）的科学家公然说道：“近来在白炽灯这一方面有很多无稽之谈。有某发明家宣称他能把电流分成无限的支路。他不知道，或许是忘了这种说法是根本和能量不灭定律相抵触的。”

英国的著名电学家斯普拉格（John T. Sprague）也认为爱迪生的设想是“空谈”。他说道：“不论他是爱迪生，或是别人……他说从同一电线上能给你送来电光、电力和电热，这完全是空谈，决不能成为事实。他还说能够利用电热来烹煮食物，那更是荒谬绝伦了。”①

还有人嘲笑道：“连数学都不懂的爱迪生，竟然想解决世界学者都为之苦恼的问题，真可谓愚不可及。”②

“愚蠢”“幻想”“空谈”“荒谬”等论调传到爱迪生耳边时，他并没有为此感到悲观。他反倒笑着说：“我很相信人家的指摘，因为它能把冷酷的事实表现出来，因为它能鼓励大家讨论，而

---

①[美]弗朗西斯·特里维廉·米勒:《人类惠师爱迪生》，第 146 页。

②李云玲:《爱迪生的故事》，第 60 页。

这又常是有益的。”① 所以在种种非议下，有了资金的投入和公司化的运作后，门罗公园气象一新，扩大了场所，增添了人员设备，爱迪生干劲十足地埋头于自己的实验中。

1878 年秋，爱迪生又重新用“炭”进行实验。他写道：“在 10 月和 11 月，班切勒制造了许多，至少有 50 种炭化纸，原料是纤维或其他纸张。在这些纸的表面涂上灯墨和沥青的混合物，再卷成毛衣针状，然后进行炭化处理。我们把这种材料制作的灯丝连在线路上，它们在真空中发光，只能持续一、两个小时。我们用纸制炭丝，木制炭丝以及笤帚苗炭化后制成的灯丝进行了无数次实验，最终得出结论，电灯问题的解决，只有一种方法，那就是灯丝的电阻要高，散热要慢。”爱迪生的炭丝实验没有取得成功，但实验过的制灯丝的金属中，铂似乎是最理想的一种。于是他转向铝和类似铂的金属，因为这些材料符合电阻高，散热慢的要求。

全世界都在等待着爱迪生公布他的电灯，而他也正在努力的改良调整器。改良后的一种是利

①李云玲:《爱迪生的故事》,第 60 页。

用玻璃管中热空气的膨胀作用，这一切比第一次的要完美多了。

这时实验室增添了新生力量，其中有两位值得一提。一位叫弗朗西斯·杰尔（Francis Jell），另一位叫弗朗西斯·R·厄普顿。杰尔原来在劳里的律师事务所工作，因为对电学感兴趣，又是爱迪生的忠实粉丝，在电灯公司开办后，他要求加入门罗公园。他为爱迪生电灯事业的顺利拓展贡献不菲。普林斯顿大学毕业的厄普顿，毕业后在德国大科学家亥姆霍兹（Helmholtz）[1] 的实验室研究数学一年。恰逢爱迪生在新电灯的设计中，需要一位数学家帮他计算数字并绘制图形。波普说他是“促使爱迪生成功的一个特别幸运的条件。”因为他的计算客观地证明了爱迪生直觉的正确：电灯必须具有 100 欧姆以上的电阻，才可能打败煤气灯。

---

① 亥姆霍兹（1821—1894），德国生物物理学家、数学家。“能量守恒定律”的创立者。在生理学、光学、电动力学、数学、热力学等领域中均有重大贡献。研究了眼的光学结构，发展了梯·扬格韵色觉理论，即扬格—亥姆霍兹理论；对肌肉活动的研究使他丰富了早些时候朱利叶斯·迈耶和詹姆斯·焦耳的理论，创立了能量守恒学说。

不论厄普顿提供的帮助有多大，大量的工作还需要爱迪生去做，他还要进行反复的实验。提出第一份白炽灯专利申请之后，爱迪生完全沉浸在实验之中。为了制造一种适合他需要的铂线，爱迪生经受了不少磨难，耗费了很多精力。

在实验工作进行的过程中，爱迪生顾不上吃饭、睡觉，乃至忘却了周围的一切。爱迪生虽然孜孜地不断研究，但成功还是遥遥无期。

爱迪生的记事册上清楚地告诉我们他的煎熬："1 月 27 日。经过 7 小时的工作后，由于注视了强烈的灯光，眼睛隐隐作痛，因此不得不停止工作。"第二天他又接着写道："昨晚 10 时到今晨 4 时，眼痛难堪。后来饮了一服吗啡，才能睡下。今天好些了，到下午 4 时就不十分痛了，可是今天的时间却又白白牺牲了。"①

这时实验室中又有一个叫约翰·劳森（John W. Lawson）的人来帮助工作。他对于分析化学很有研究。爱迪生开始采用更多稀有金属进行实验。4 月中，爱迪生的实验相当顺利。他把钡、铑、钌、钛、锆等稀有金属全试用过了。他在用

①[苏联]拉皮罗夫·斯科勃洛:《爱迪生传》，第 86 页。

这些物质制成的发丝上涂上一层他称为“绝热质”的氧化物溶液。他终于用铂丝制成了一种高阻力的电灯，成绩很是满意。然而它的价格还是非常昂贵。如果能发现一个铂矿的话，这困难也就可以解决了。另外铂丝所发的光虽然很好，但如果电流通过太多，它仍旧会熔掉。

除了灯丝的问题，为了保证玻璃容器内良好的真空，爱迪生还得整日地忙着寻找保持高度真空的方法。他觉得除了德国的斯普林格设计的大型抽气机外，别的都不能适合他的需要。而作为普林斯顿大学毕业的厄普顿记得母校的布兰科特（C. F. Brackett）教授曾经有一套这样的抽气机，他第二天便动身回到母校向教授借回了那套抽气机。在装备好机器，一切就绪后，他开始抽取玻璃灯泡中的空气。随着空气的减少，灯光也由暗慢慢地变亮，当灯泡中的空气完全被抽取掉后，灯光变得辉煌起来。灯泡真空的问题顺利被攻克了！4 月 12 日，爱迪生将铂丝真空白炽灯进行了专利申请。这种白炽灯和后来正式成功的白炽灯除了灯丝材料有区别外，其他基本相同。

报纸上非议再起。4 月 27 日，纽约《先驱报》如此报道：“爱迪生的失败现在已经完全证实。纽约的著名电学家们都相信爱迪生的实验路线已经走错了。”

爱迪生依然保持着他伟大的信心，坚持走自己的路，闯过了一道道难关，直到实现他的目标。

手指尖上的大思想——第一盏实用白炽灯

用铂线研制白炽灯，已经相当成功，可是它的价格毕竟太贵了。当时爱迪生的电灯之所以经过如此漫长的阶段，也是因为爱迪生一直在研究价格的问题，他希望能够节省一些材料。“只有等到最低的价格时，大家才会欢迎它的。”他实验了各种灯丝，可是所有这些都很昂贵，要用它们来制造电灯，供给市场应用简直没有可能。

爱迪生不懈地工作着，更换着各种不同的材料，制成许多不同直径、不同形状的灯丝。有些灯丝细得难以装进灯泡，有些只要一通电，立刻就会熔化。爱迪生还试制了一些复杂的灯具，有一种灯还安装了电阻器，用灯下的小金属轮来控制灯光的强弱。

采用铂线做灯丝的白炽灯，虽然成功了，但是成本太高，价格也便宜不了，无法大众化。而爱迪生希望自己的发明屋能为更多民众服务，所以他一直试图降低成本。这就使得爱迪生在白炽灯的发明上不得不耗费更多的时间和精力。

这其中有一个小问题让爱迪生颇感头疼：实验用的线卷每次需要从另一个地方运来，不仅浪费时间，而且运输途中也容易破碎。好在后来，他雇用到了一位名叫路德维格·贝姆（Ludwig Boehm）的年轻人，这位年轻人非常擅长吹制“玻璃灯泡”。

灯泡问题彻底解决。接下来，需要攻克的依然是采用什么材质的灯丝？爱迪生继续不懈地试验着不同的材料，制成不同形状的灯丝。

他用过棉线，木材的细条，还试过稻草、纱纸、马尼拉麻绳、马鬃、钓鱼线、麻栗、硬橡皮、栓木、藤条、玉蜀黍纤维，甚至人的胡须、头发都用来当作灯丝。

这其中有个好玩的小插曲：为了报答当年麦肯齐站长的恩情，在麦肯齐年老时，爱迪生聘请麦肯齐，让他在公司挂个闲职养老。作为苏格兰人，他长着一头红棕色的头发和胡子。有一天，爱迪生正在为灯丝材料冥思苦想时，忽然看见了麦肯齐的红胡子，他不由得眼睛一亮，并兴致勃勃地向麦肯齐借用了几根粗胡子，进行了炭化处理后做灯丝，然后装进灯泡里做实验。不过遗憾的是，依然不理想。虽然麦肯齐先生继续拍着胸口说，他还可以贡献几根头发，不过爱迪生知道头发和胡子性质一样，不会成功。就这样爱迪生先后用近 1600 种材料进行了实验，但都一一失败了。

一天晚上，实验室中的爱迪生又沉浸在思考中，他心不在焉地搓卷着手指尖上的烟煤。不知不觉中，手中的烟煤被搓成一根细线。这让思考中的爱迪生突然有了灵感，他想或许可以试试这种材质。他截下一小段棉纱，在炉火中熏炙了大约 1 小时，然后将熏炙后的棉线装进玻璃泡里，封闭抽去空气后，接上电流，炭化后的棉线竟然立刻产生耀眼的亮光。但是因为经不住电压，很快就烧断了。不过这短暂的耀眼的亮光却给爱迪生点亮了新的前行道路。因为他在用显微镜检查后发现，经过炭化后的棉线变得非常坚硬。

思路明确了，爱迪生重新启用之前被自己抛弃过的棉线做试验。他把棉线摆成各种圆弧形，然后放进密闭的金属盒内，进行炭化处理。数小时后，经过炭化的棉线成为炭丝。这时，“班切

勒极为小心地拿着这根宝贝，向吹制灯泡的车间走去，而我则像护送着无价之宝的护卫。”即便如此，因为炭丝非常纤细，所以直到试验的第四天，爱迪生他们才终于取出了一段完整的炭丝，并顺利地把它装在一个玻璃灯泡里。接通电源后，灯丝发出强烈的亮光。当然，初次试验，炭丝几秒内就被烧断。不过这却让爱迪生更加坚定了灯丝的研究方向。

爱迪生从一开始就认为炭丝是最理想的灯丝材料，最初之所以放弃这种材料，或许是因为以前灯泡的真空问题没有解决，导致炭丝熔化太快。现在，他又信心十足地回到了炭丝的实验上，重新采用各式各样的线、纤维和类似的物质作灯丝材料。

经过多次的实验、失败、再实验，他们一步一步向成功靠近。终于，胜利女神向他们招手了。这天傍晚，爱迪生和助手们成功地把炭精丝装进了灯泡，并将灯泡内的空气尽可能完全抽空，然后封上了口。爱迪生为灯泡接通了电源，他们日夜盼望的情景终于出现在眼前：灯泡发出了金色的亮光！最重要的是，这温暖的，金色的亮光足足持续了 45 个小时后，灯丝才被烧断。爱迪生要发明体积小、亮度大、寿命长、可任意开关电灯的理想终于取得了胜利性的突破。

爱迪生回忆这难忘的时刻说："我们坐在那里留神看着那盏灯继续燃烧着，它燃烧的时间越长，我们越觉得心驰神往。我们中没有一个人愿意去睡觉——共有40小时的工夫。我们坐着，骄傲自得地注视那盏灯。它继续燃烧了约45个小时。"

历史记下了这一天，1879年10月21日，这一天后来被定为电灯发明日。11月1日，爱迪生申请对炭丝灯的专利。他很有信心地说："我认为我们发现了制造它的方法。如果它现在能坚持45个小时，再过些日子我就能让它持续100个小时。"

电灯的发明是爱迪生一生中登峰造极的成就，是爱迪生一生光辉的顶点。这是一个划时代的贡献，它在科学史上开辟了一个新纪元，把人类带进一个崭新的电光世界，使人们的生活发生了巨大变化。

"未来之光"——非凡的灯光晚会

成功后的爱迪生没有陶醉。他说："成功了一个实用白炽灯的发明，我不过踏着一个整个组织的门槛而已。我们一定会不断进行实验，使这灯更臻完美。”于是，在之后的几个星期，他和助手们便投入了制造灯泡的工作。他不断改变灯泡的尺寸和形状，变换引入灯丝和密封灯泡的方法。爱迪生的同事又仿照这些灯泡制造出许多复制品，一些挂在实验室，一些送入爱迪生的家里、班切勒的家里，然后树起电线杆，将这些电灯与实验室的发电机相连。还有一些灯泡，被悬于街道上空。

直到 12 月底，爱迪生才公开告诉人们他实验电灯成功的消息。为了利用传播媒介对电灯进行翔实的介绍，他请来了纽约《先驱报》的记者马歇尔·福克斯，允许他随意参观实验室，随意提问。

12 月 21 日，福克斯就急切地发表了他的关于爱迪生发明电灯的报道。文章在占据一个整版之外，还在另一个版面中占了一栏，大小标题共 11 个——“爱迪生之灯”、“伟大发明家在电力照明方面的胜利”、“一张纸片”、“不用煤气，不出火焰，价比油廉，然而却光芒四射”、“在炉中转换”、“成功后的炭丝灯的全部构造”、“十五个月的血汗”、“关于他在电灯、燃烧器和发电机方面不知疲倦的实验”、“在棉线上的成功”、“魔术师的喜剧”、“电灯史”。这位记者把爱迪生的魔法讲得有声有色，扣人心弦。他甚至用诗一般的语言赞美爱迪生的“魔法”：把电流通到“一口气就能吹走的小纸条上”就产生了一种明亮的、美丽的光，好像意大利深秋的晚景，光线柔和均匀。

门罗公园的魔术师再一次震撼世界。不过也有人认为媒体在故弄玄虚吸引人的眼球。这次，爱迪生无意于谦逊，他宣布门罗公园将于1880年新年除夕之夜，用这种神奇的新光源来照亮。从圣诞节到新年这一周时间里，人们成群结队地前往门罗公园，去观看爱迪生的奇迹般的“未来之光”。

庆祝会计划在天黑时开始，爱迪生叫所内人员从研究所到车站一路上都装上电灯，等第一班火车进站，立刻亮灯。当火车开始到达这个冬天的黑暗时，爱迪生开动机器，40个白炽灯泡全部点亮。电灯像金色的花朵闪闪发光，把雪地照得通明。

这是一个非常不平凡的除夕晚会。在1879年最后一个寒冷、大雪纷飞的晚上，宾夕法尼亚铁路公司载了3000人来到门罗公园。从火车下来的人，一个个看得目瞪口呆。研究所庭院内发光的数百盏电灯使人们神魂颠倒，为之目眩，他们震惊得都屏住了呼吸。让他们难以置信的不仅仅是这些灯，还有它们竟然能开关自如。这是他们从未见过的最神奇的东西，简直像另一个世界来的！他们都为历史上这一伟大发明赞叹不已！

人们忘了寒冷，到夜深 12 点还不想回去，还有不少人高喊："爱迪生万岁，爱迪生万岁！"

庆祝会所使用的电灯，寿命是 170 个小时，炭丝是用厚纸烘烤的东西，从 10 月份取得成功，到 12 月份展览，短短两个月时间，爱迪生已经取得了如此大的改进。

爱迪生依然守在机器旁，以保持电灯发光。他穿着那旧得几乎破洞的脏衣服，听着人们的各种赞誉声。在致辞时，他依然谦虚地说："大家称赞我的发明是一种大成功，可是这尚在研究中。在灯泡的寿命没有到达 600 小时以前，还不能算是成功。"

神化与攻击

门罗公园戏剧性的展览后，再一次成为大众关注的焦点。

1879 年夏，在白炽灯没有取得成功前，每股 100 美元的爱迪生电灯公司股票曾跌至 20 美元。

经过圣诞节后那次成功的展览，公司股票价格又开始暴涨。有参议员放出消息说，他正以每股3000美元的标价购进。有银行家更不甘落后，称他正以3500美元一股的价格收购爱迪生电灯公司的股票，并表示以后愿意以这一价格持续购入。股东们都握住手中的股份，希望能出现每股5000美元的市价。

爱迪生呢，不断收到从各地发来的信、电报和礼物，人们称赞他是一个伟人。全世界各地的新闻记者都报道了这一盛况，并赞不绝口地说，自从阿基米德以来，爱迪生是当之无愧的最伟大的科学家，非常可能是所有时代的最伟大的科学家。于是伴随着爱迪生的成功，有的记者为了吸引人们的眼球，更是编造很多神话般的故事来神化爱迪生。

有人说，晚星一定是爱迪生挂在天空的一盏电灯。几百人开始致信这个发明家，打听传说中的“爱迪生星”的情况。爱迪生最后叫纽约《先驱报》刊登他的声明，说明他没有拿星星做实验。

有关于他本人和他的超人能力的故事。有一位记者写了这样一篇荒唐的报道：“爱迪生用特殊化学处理方法做成衫衣，这种衫衣有365层，但是很薄很薄，穿这种衫衣的人，只要每天剥掉一层，一年到头都可以穿着干净的衣服，爱迪生本人现在就穿着这样的衫衣。这种衫衣才是门罗公园研究所的珍奇发明品，定名为爱迪生衫衣。”

这件事竟在美国500种以上报纸刊登，甚至传遍了全世界，以致来自世界各地查问这种衫衣的函电雪片似的飞来，有的甚至寄来汇票、现金，一定要买。

对此爱迪生曾生气地说：“这种胡说八道的可恶记者，真想揍他一顿。”

除了这些为了吸引人们眼球故意制造的噱头，自然像以前爱迪生的发明创造一样，白炽灯这样的神奇之物也受到一些人的怀疑，更有来自竞争对手的咒骂攻击。

电气工程师伊莱休·汤姆森在1880年初参观了门罗公园后表示，白炽灯很难成为有利可图的产品。一年之后，著名的维尔纳·冯·西门子①认为，从经济角度上讲，这种灯无法与电弧灯相抗衡。另外，纽约《先驱报》还在1月5日刊载

---

①维尔纳·冯·西门子（德语：Ernst Werner von Siemens，1816—1892），德国发明家、企业家，西门子公司创始人。

出竞争者W·E·索耶的一封来信，信中说："尽管传说爱迪生先生的电灯能连续燃烧240个小时，但我仍然肯定，爱迪生先生的电灯，如果能达到煤气灯所发出的光亮标准的一半，那么它连3个小时也坚持不下去"。

一家报纸受煤气公司财团的操纵，竟以"爱迪生的惨败，新年夜欺骗大家"为标题，对当时的表演进行了歪曲的报道。

更有甚者，煤气公司的老板们雇用一批流氓破坏爱迪生的发明。一天，爱迪生在门罗公园广场，公开实验他的白炽电灯。在许多的参观者中，有一个人偷偷地跑到实验的机器和工具后面，慢慢地靠近配线，当他用熟练的技术触摸配线时，配线马上就燃烧了起来。在这种情况下，若再让发电机把电流送到配线，就会发生很大的事故。

这个人看看四周没有人，就很快地做完，然后又回到参观的人群中。

当爱迪生打开开关时，装在配线里的保险丝断了，白炽灯也就不亮了。

这时，研究所的一位员工恰巧从楼上看到了这个人的破坏行为，他赶紧从楼上冲了下来，一把抓住这个人。

大家问他为什么要做这种事，他回答说："因为对方给我钱。为了破坏爱迪生的实验，我混进了参观的人群，找机会去弄断配线，想使爱迪生的实验失败。"

尽管有人怀疑、攻击、破坏，但爱迪生深信，等到电灯制作简单、价格便宜后，一定会受到大众的欢迎；到那时，这些谣言、中伤、攻击自然会烟消云散。

白炽灯丝的改进——寻竹行动

在爱迪生的众多研究项目之中，改进灯泡是主要的攻关内容。爱迪生不断对灯泡的形状进行改进。1879 年末，灯泡还是带有长颈的圆形，灯泡的顶点是尖的。又过了几个月，爱迪生通过加大灯泡的尺寸来提高白炽灯的亮度。后来，他又在灯丝连接处使用了一种德国玻璃，以使灯泡得到更好的密封。不久他又放弃了这种做法，灯泡的形状也再次改变。

在整个 19 世纪 80 年代，爱迪生对白炽灯不断地改进。提高灯泡耐久率，是爱迪生改进白炽灯的重要一环。为了提高灯泡的质量，延长灯泡的寿命，爱迪生想尽一切办法寻找适合制灯丝的材料。

于是，马拉松式的实验又开始了。凡是植物方面的材料，只要能找到，爱迪生都做了实验。到 1880 年 5 月初，爱迪生拿起记事簿算了算，他实验过的植物纤维材料共约 6000 种。虽然灯泡试制成功了，但他总觉得灯丝结构还不能令人满意，质地不够匀称，因而发出的亮光也不怎么理想。

一个偶然的机会，爱迪生在实验室拾到一把蒲葵扇。爱迪生把它捡起来，看了又看，眼睛盯到它四周缠绕着的细细的一圈竹丝上。由于他一直在思考着用哪种合理的纤维有机物来做灯丝，所以马上就把竹丝取下，交给助手立即做实验，没想到，效果空前好。通上电后，这种竹丝灯泡竟连续不断地亮了 1200 个小时！

这下，爱迪生终于松了口气，助手们纷纷向他祝贺，可他又认真地说道："世界各地有很多竹子，结构不尽相同，我们应该认真挑选一下！"

爱迪生详细调查有关竹子的资料，现有知道的就有 1200 种，他准备把 1200 种的竹子，全部拿来实验。寻竹行动开始了。爱迪生从研究所的

人员中，选出20人组成调查队，准备了10万元费用前往世界各地。

爱迪生本人也亲自到西印度群岛中的牙买加岛，拿回各种竹子。

助手深为爱迪生精益求精的科学态度所感动，纷纷自告奋勇到各地去考察。

中国和日本产竹种类最多，所以从两国入手。他派威廉·摩尔（William H. Moore）于1880年夏赴东亚，深入中日内地。摩尔历尽艰辛，带回多种竹子。

有奔赴南美各国的助手们，去寻找丰富的竹子以及和竹子相近的植物标本。约翰·C·布劳纳尔（John C. Brauner）奉命赴巴西深入森林，跋涉2000公里。塞格里·多耳受命前往古巴寻竹，因为不适应那里的湿热环境，不幸患上黄热病，一周就病逝了。哈宁顿（Hanington）则赴乌拉圭、阿根廷、巴拉圭及巴西南部的几个国家。弗兰克·麦克·高恩（Frank Mc. Gowan）则到秘鲁、厄瓜多尔、哥伦比亚三国的荒野之地，寻找特殊的竹子。在他旅行的98天中，麦克·高恩甚至不敢脱下衣服睡觉。在途中有时碰到洪水，有时遭土人袭击，也有猛兽的危险，后来因为得了黄热病，被向导遗弃在当地，直到15个月后才回到门罗公园。

寻竹者的行动也受到热切关注。《纽约晚报》就报道了麦克·高恩的事迹。主编如此评价："没有任何神话或寓言中的英雄，能在拯救某一绝代佳人之时，表现出像这位无畏的文明先驱者所表现出的那种降龙伏虎之勇。就是忒修斯①、齐格菲②或神话故事中的骑士，也会羡慕爱迪生的这些不可阻挡的助手们的胜利。"

经过助手们的长途跋涉和艰辛采集，从世界各地带回的竹子，大约有6000种之多。爱迪生经过夜以继日的实验、比较，发现日本的竹子所制炭丝最为优秀，可持续1000多小时，达到了耐用的目的。他最终选定一种最合适的日本竹子，然后与日本农户订好合同，按时供给若干量。直到

---

①忒修斯(Theseus)是希腊神话中的雅典国王，是一位英雄。他的事迹主要有：除掉过很多著名的强盗；解开米诺斯的迷宫，并战胜了米诺陶诺斯；与亚马逊人女王希波吕忒结婚；劫持海伦，试图劫持冥王哈迪斯的妻子珀耳塞福涅——因此被扣留在冥界，后来被赫拉克勒斯救出。（其他人物请看《希腊神话》）

②齐格菲，是德国中世纪的民间叙事史诗《尼伯龙根之歌》中的屠龙英雄，刀枪不入。

1908 年，日本竹子一直是供应炭丝的主要原料。

爱迪生坚持不懈地研究，终于获得成功。爱迪生的白炽电灯光亮充足、柔和、无声、无味、无害于人体健康，价格又实惠。1880 年 1 月 3 日一篇《白炽灯之印象》的报道说：“这真让人难以置信……竟可以发生电光。……最明洁而纯粹的光，丝毫没有发出毒害我们身体的任何气体或蒸汽，不受气候或风雨的影响，不需要火柴引燃，具有均匀稳定的光亮，犹如太阳光，但其价格，则又比最便宜的油灯还低。”①

铁一般的事实，使得曾咒骂过爱迪生的人改变了看法，谦逊地向电灯发明者道歉。

面对这样的成功，爱迪生的进取心却永无止境，他觉得竹子做灯芯，仍不完美。于是他又发明一种化学纤维代替竹灯丝。再往后，他的实验工作重新转向耐热的金属方面，最终又改用钨作灯丝。从此电气发光的效率，比以前增加了 3 倍，使用范围也空前扩大，逐渐遍及全世界。1921 年，美国共造钨丝灯 15497.1 万盏，这便是我们

---

①[美]弗朗西斯·特里维廉·米勒：《人类惠师爱迪生》，第 154 页。

现在所通行的灯泡。

电灯是19世纪末最著名的一项发明，也是爱迪生对人类最辉煌的贡献。当人们点亮电灯时，每每都会想到这位伟大的发明家。是他，给黑暗带来无穷无尽的光明。

1979年，美国花费了几百万美元，举行长达一年之久的纪念活动，以此纪念爱迪生发明电灯一百周年。

第八章
电气照明系统的实施

爱迪生的设想

设想一个普遍而根本上能准确地分布电流的方法，在效率上经济上要达到实用商品化。

设计一种电灯，能与瓦斯灯所发的光一样。每一盏灯可以独立使用。

设计一种方法要使每个用户的电量能够与瓦斯一样可以算出。可以在用户的屋里装一个电表，廉价并可靠地来计算电量。

设计一种导电体的网或组织，能在地下和天空中都可以安置，并可以使电线能由街上的总导电体引入每间建筑物里去。

设计一种方法，使在电气传布的各个地

方，能常常维持平衡的电流压力，所有灯与总发电处相距无论远近，都能在任何时间供给同等的光量，并与所置灯光的数量多少无关。

设想一种方法，要使光区中各处所发生电流的“电流压力”有规则，并配备几种机械，指示出区内各处的压力情况。

计划开发功效很高的发电机，能够经济地把高速率机器的蒸汽力变为电力。安置有蒸汽机、电气机和其他辅助机件的完备电站，可以不断地运用并保证其功效。

发明安全的机件，使电流在任何导电体上不致有电量超负荷的弊端而发生火灾及其他意外。发明停止及进行电流的电匙、套座以及其他器具。

设计一种商业上效率甚高的电动机，借助总站发生的电流和都市街道上所装置的电流源，启动起重机、印刷机、车床、风扇、风箱等等。

……

以上是爱迪生有关电气发明的工作备忘录。它清楚地显示出，白炽灯的发明只是爱迪生电气工作的起点，以这一起点为辐射点，他有一个复杂系统的设想。那么，爱迪生又是如何一步一步实现其他设想的呢？

发电系统的改造

爱迪生的电灯设想的中心，一直是如何从总的发电装置向广大地区输送电力。为实现他的理想，发电机的改革成为最紧迫的事情。

1878 年底，爱迪生第一次制成白炽灯时，就曾表示过“现在我有了发电的机器，就可以尽情地实验。我有如此之多的实验设备，这就使我具备了击败他人的基础”。当时，电灯最基本的发电机只有不完善的磁石式发电机。发电机是法拉第发明创造的，不过换能效率最高的电机，也只能利用输入能量的 40%。于是爱迪生心想：功能不好，一定是什么地方有缺陷。他得搞清楚问题出在什么地方？

带着强烈的决心和自信，爱迪生决定继续法拉第未完成的工作。1879 年夏天，爱迪生开始改进发电机。首先，为了获得强大的磁力，他开始研究发电机的构造和关于缠绕电圈的方法。

他调查了电流的大小和磁力的强度后发现，

即使加入超出某一程度的电流，磁力也只能达到某一限度，并不会再增加，这种现象被称为饱和。发现了这种现象后，就可对电流加以控制而不再流失。

埋首在实验室的爱迪生，详细调查了发电机的每个部分，并且作各种研究和实验，最终发明了比原来功能更大的发电机。

1880 年，爱迪生在门罗公园准备实验样机，10 具为一组，各有 8 马力。由低速汽机及繁复杆轴引动，虚耗太大。于是，他又决定把 10 具小机组合并为一具大机组，把低速汽机改为高速式，并且采用直接连贯发电机的方法。第二年年初实验成功，这就是被称为“长腰玛丽·安”的、当时最大的发电机（重 1100 磅）。它仍然保存在爱迪生的实验室中，并且还能开动。

第一次试机之后，爱迪生宣布，机器的发电率达到 90%。许多专家都对这个数字表示怀疑。事实上，这台机子的电能转换率的确达不到 90%，而是 82%。即便如此，这也比以往的发电机转换率提高了一倍，是非常惊人的成就了。这就是今天大电力工业方法的基础，这种发电方式一直沿用至今。

“世纪的魔术师，又有了新发明。这是能产生很大电源的优良机器。”人们对于爱迪生所发明的新式发电机的评论消息不胫而走。

纽约特许权

爱迪生没有停下手头的工作。他打算建立中央发电厂，在纽约安装他的电灯系统，实现他的发电装置向广大地区输送电力的理想。不过摆在他面前的又是一道道需要攻克的难关。

首先那些支持他的银行家们对此犹豫不决，他们希望爱迪生步子不要迈得太大太快，因为这需要很大的投资。为了保险起见，他们要爱迪生先在门罗公园装置一个完整的小型电灯系统，如果成功，而且价格比用煤气灯低廉的话，他们才肯投资。最终投资家们在摩根股东的建议下，成立了一个新公司，“纽约爱迪生电力照明公司”，以便于继续投资。

爱迪生则在门罗公园潜心解决一个又一个问题。

电流的分布问题是需要解决的一个问题。经过不断实验，爱迪生发现主要存在两个缺点：一是在离发电机最远端的灯光因为电压的“降落”

而暗淡不明。由于电线的阻力，在最远处的灯的亮度只抵上发电机附近灯光的 2/3。二是铜的消耗量太大。从总线上分出的电线像树枝一样分布到遥远的地方去，这种分布方法造成了电的浪费，妨碍了电灯更广泛的应用。

怎样才能克服这两个缺点呢？经过多次实验后，爱迪生想出了一种新的分布方法：“总线”接“馈线”，即把电线装攀在街道的两旁，一端和接线盒连接，爱迪生称它为“总线”。用户和路灯的支线则从这些电线上接出来，不必直接和主电厂连接。这样在主电厂和总线之间可以用相对很细的“馈电”线联接。经过计算，这种布局的结果颇为惊人，比树枝式的旧式分布法节约 7/8 的铜，同时电线中的电压降落和耗损也可以减少很多。

门罗公园的工人们开始挖掘地沟，准备实验新的电线布置方法。他们把供电线放在挖有槽纹的木条中，一同埋于地下。不过当电流通过时，又出现了严重的“漏电”现象，整个东西只好重新发掘出来。

漏电问题又迫切需要解决。爱迪生将负责人豪威尔（Wilson Howell）叫来，让他将煤焦油倒在电线四周试试看。不过电线依然漏电。爱迪生又提出了第二种建议："只用一根单独的总线试一下。"结果仍然无效。用黏性的石粉实验后，再次失败。爱迪生给豪威尔下了最后命令，限令他在两个星期内寻找到绝缘的方法。

领命而去的豪威尔在两个星期内翻遍了所有关于绝缘材料的文献，并一一将每种可能适用的材料投入实验。最后他发现，将氧化亚麻子油、石蜡、蜂蜡放进沥青中煮沸后会形成一种胶液，这种胶液用来作保护层绝缘效果最好。电线漏电问题最终解决了。

爱迪生还需要解决的一个问题是用电的计量方法。爱迪生经过多次实验，最终使用了电镀原理。电镀原理，就是根据金属从阳极流向阴极不同量，通电量就会不同形成的。在爱迪生的电灯系统中，将通入顾客房间的电流的一小部分引出到一对电池中，因为每只电池都有阴极和阳极两块锌板，并且串联相接。这样用户使用的电流量，与从电池阳极锌板流向阴极锌板的金属重量成正比。所以只需计算金属的重量，就能计算出其用电量的度数。

门罗公园的电灯系统终于完成了。

在纽约要普及电灯系统，却并不是爱迪生一

个人说了算的。这需要获得在纽约安设总线的特许权。因为在地下建供电网，有可能出现危险和灾难，竞争对手煤气公司还会趁此机会攻击他们。爱迪生决定邀请纽约市的参议员到门罗公司来参观。毕竟事实胜于雄辩。

纽约市参议员到达门罗公园时，天色已经很暗了，火车站和通往实验室的街上都点着明亮的电灯。他们和爱迪生在见面后，便分为若干小组，分别由人领着去参观。

在办公室，爱迪生把纽约下部的地图和他根据调查结果而计划的中央电厂和地下电线的位置图样给大家观看。在全屋的各个房间中，分别有人负责讲解：克鲁齐在机器厂中，威尔在发电机旁，劳森在矿石实验室中，杰尔在机器室里。

观察完毕后，大家都聚集在实验室的前面，观看一列列的街灯和点着灯光的屋子。在议员们的注视中，爱迪生慢慢地把灯光熄灭，然后又把它转回原来亮度，参观者们纷纷称奇不止。参议员们对于爱迪生的工作称赞不已。尽管纽约市长投了否决票，不过见证过“奇迹”的议员们却批准了爱迪生在纽约市街道下铺设电线的权利。

得力管家

1881 年 2 月，爱迪生将总部迁到了纽约第 5 号大街。在第 5 号大街 65 号有一幢 4 层楼房。爱迪生电灯公司把这房子用来作为在纽约开展业务的总部。爱迪生将自己力所能及的都投资了，向朋友们筹款，他还将自己持有的爱迪生电灯公司的股票卖掉。

爱迪生接着派人到城中去调查，了解哪些用户愿意改用电灯，全城工厂的机器的马力数又有多少。助手们在地图上标明了每一架起重机等大型机器的所在地。爱迪生对助手们提供的地图和数据一一做了研究。为了计算每家每户以至整个区域的煤气消耗量，爱迪生专门雇人每天在街上数着每小时中点燃的煤气灯的盏数，一直到午夜才停止。

早在 1880 年夏，爱迪生就意识到白炽灯的研究无论还有什么困难，都已经离成功不远了。他不仅预见了前景的发展方式，而且也预见了它的规模，以及将给自己的机构带来的一系列的变化。爱迪生在白炽灯降低生产成本方面做出了很大努力，第一批灯泡每一只生产成本约为 1.25 美元，爱迪生估计，为了与已有的照明方式竞争，这些灯泡每只售价必须不超过40美分。若要按这个价格出售，他必须对灯泡生产保持控制权，并且在努力把灯泡生产成本降低到有利可图的水平的同时，他本人承担亏损的风险。在灯泡生产的第二年，他把生产成本降到每只1.10美元。第三年，降到50美分，第四年降到37美分。再后来他使每只灯泡成本降到了22美分。因为生产成本如此低，爱迪生由最初的大亏本到后来大盈利，发了一笔大财。不过随着他新的电力事业的投入，他需要越来越复杂的金融管理，幸运的是，他得到了一位优秀的金融管家——塞缪尔·英索尔。

英索尔是爱迪生在英国的合作者古劳德上校的秘书。两年以前在报纸上读到一篇《与爱迪生共同度过的一个夜晚》的文章之后，他就变成了爱迪生的崇拜者。1881年的一个黄昏英索尔抵达纽约，在爱迪生实验室里见到爱迪生。他们互相打量着对方。英索尔难以掩饰心中的失望，心想："上帝呀，他如此年轻!"这与他心目中的偶像形象相差太远。他想不到，爱迪生心里也是同样的失望，因为英索尔当时也只有21岁，人又长得瘦小，看上去只有十六七岁的样子。庆幸的

是，他们还是互相接纳了对方。英索尔担任了爱迪生的秘书及金融管理等工作。

“不管你做什么，要么就做出辉煌的成就，要么就辉煌地失败。必须敢干，才有进展。”这是爱迪生的经营哲学和取得成功的条件。他经常向英索尔灌输这种哲学，作为老板的铁杆粉丝，这个得力管家也接受了这一哲学，做事做得相当出色。

根据规定，只有符合纽约市煤气公司管理法的公司才能从事照明事业。为此，爱迪生成立了纽约爱迪生电力照明公司。当时，在纽约市准备建立电灯系统的还有雅布罗克科夫公司、索耶公司和格莱姆公司等等竞争对手。所以，要取得成功，就不仅取决于灯泡的性能，还取决于整个照明系统的配套设备。英索尔在对爱迪生的财务进行了全面深入的统算后，帮助爱迪生弄到了建立中央发电站的资金，接着他又和爱迪生一起找到了一块宽 50 英尺、长 100 英尺的地皮，打算在上面建造一个发电站，向一个面积半平方英里的地区供电。

中央发电站漫长的筹备工作

爱迪生决定在纽约地区实现他的计划。供电目标主要是银行，也包括商行和私人住宅，还有那些不仅需要电力照明，也需要电力充当能源的工厂。

纽约中央发电站地址被确定在珍珠街 255—75 号。珍珠街附近地区包括华尔街金融区的很大一部分。爱迪生选择珍珠街，是因为在他看来，只要电灯在这里取得成功，就可以把华尔街的那些人争取过来。而有了这些人的支持，电灯照明就能普及全国。为了避免城市官员和提供资金的银行家们的反对，爱迪生不惜多花钱把电线埋在地下。为了做到这一点，他采用了之前在门罗公园实验过的管道系统，并建立了关于绝缘的新标准，这些标准后来被收进了纽约最早的关于电力的法律条文之中。爱迪生生产各种照明配件的工厂也纷纷开办：爱迪生戈尔克街机械工厂，制造发电机；由门罗公园搬到哈里森市的电灯工厂；有生产电管的公司，制造电表、电灯台、电源插头的工厂等，各大工厂马不停蹄地投入生产。

建珍珠街电站大约用去了 60 万美元。爱迪生回忆说，“这是我所经手的最大的、责任最重的一件事……这在世界上是没有先例的……我们的全部器械、设备和部件，都是自己设计、自己制造的。我们的工作人员全都是新手，没有建设中心电站的经验。把一股强大的电流输入地下的导线，可能会发生什么情况，谁都无法预言……那时候，煤气公司是我们的死敌，他们密切地注视着我们的每一个行动，准备在我们出现哪怕是最小的失误时向我们扑来。”

在中央发电站的准备工作进行之中，爱迪生已在国外取得了名气。1881 年，法国巴黎举办世界博览会。爱迪生为了要在这次博览会上展览，特地制造一具重 27 吨，可以供 1200 只电灯照明的发电设备。这是当时世界上最大的发电机。发电机陈列于会场中，公开表演，各国电学家对此大加赞美，争相研究其构造。

当时到会的德国人拉泽诺（Emil Rathenau），当场就代表德国政府把那些爱迪生的发明专利买了下来，不久在德国还成立一家德国爱迪生应用电器公司。

爱迪生在巴黎展览会获得成功后，法国也出现了一家安装爱迪生电灯系统的公司，不久又在英国、意大利、荷兰和比利时出现了类似的公司。

业界广泛的认可，更增强了爱迪生建立中央发电厂的信心。纽约城里街道铺设电线的工作从 1881 年夏季开始。由于缺少熟练工人，他们就在戈尔克街的工厂里训练一批学生，后来又在总部第5街开设了一个训练班。在训练班里，爱迪生的各位助手们担任培训师，杰尔、约翰逊等纷纷上阵。培训教材是由爱迪生自己编著的，书中采用许多小型的草图详细注解着发电机应该怎样联接，屋中的电线应该如何和地下总线接通，熔线又应该装在什么地方等等，实用而详尽。

这时许多工程师们都已经明白一个中央电厂是应该怎样布置的。

爱迪生预计他将在秋季大规模地在纽约装设电灯。不过，由于铸铁厂迟迟没有将线管交来，他的计划被弄乱了。直到10月以后，装设工作才开始。爱迪生、助手们以及工人们日夜地加紧工作。克鲁齐白天在线管厂里督工，晚上又得指挥工人铺设电线，有时爱迪生自己也来帮他指挥。

线管是沿着阶石平行铺设的。英索尔的工作是每天晚上用电流计测量电线的绝缘程度。爱迪生则整日地和工人们在第一区的地沟下工作。实在困倦了，他就把外衣披在那又硬又冷的铁管上充当枕头，忙里偷闲地睡上一二个钟头。在低陷的地下室中，空气污浊，曾经有两个德国工人患喉痛死在这里，即便这样也不能影响爱迪生的那种拼搏的工作。

中央发电厂投入运作

为了实现建立第一个中央发电厂的理想，爱迪生在纽约地下一平方公里的范围内把电线铺设起来。为了避免漏电和发生火灾，他又设计了一种安全装置，《自然》杂志称它是“一种别具匠心的设计”。工人们在商店住宅中忙碌地接着电线，把许多玻璃灯泡装在屋中的煤气灯架上，并在每家屋子里安装了电表。所有这些东西不要用户们花一分钱，连电表的保证金也不必缴付。爱迪生希望在证实电灯系统可以应用而且费用比煤气灯的价格低廉时才收酬报。

除了这些设备以外，还得在中央发电厂里装设 6 架“大象”发电机，这些都意味着可能会有始料不及的问题发生：如电线的短路，发电机转动的不平衡，竞争者们的破坏行动等等。即便如此，爱迪生始终保持着他那无比的信心，这不能不叫人惊奇。

爱迪生自称这次的举动是他一生中的一个“最大的冒险”。1882 年 9 月 3 日，一切准备就绪。爱迪生一直留在珍珠街的电厂里，仔细查验着各个环节，准备正式开幕。4 日下午 3 时，他的得力助手约翰逊、英索尔、伯格曼、克鲁齐等都来了。下午5时，正式开幕，电机室中聚集了10多个人。董事会一名成员打趣地说：“机器开了给你100块。”“行。”爱迪生答道。电厂的工程师利博（John W. Lieb）踮起了脚尖把总开关拉上，电流从中央发电厂通过，纽约下部1/3地方的电灯开始发光了。随着珍珠街发电机的不断供电，电灯越来越亮，附近办公室的白炽灯也大放光彩。爱迪生成功实现了他的理想。

这一重要的事件自然成为当天各大报纸的头条。

珍珠街中央发电站供电的第二天，爱迪生访问用户，探询电灯系统的效果如何。一位名叫卡尔布的用户，在爱迪生问他是否喜欢电灯时，说出了一个让人哭笑不得的答案。他对爱迪生说：这种新灯什么都好，就是不能点雪茄。听了回答后，爱迪生什么也没说。3天后，他又来到这位用户家里，送给他一只电动打火机。

珍珠街发电厂运转几天后，爱迪生又取得了另一项记录。这就是第一座水电厂。它以福克斯河水为动力，推动安装在威斯康星州阿普尔顿的发电机，供给附近200至300只电灯用电。这个水电厂是胡佛水坝、大古力水坝、邦维尔水坝等将为美国提供数百万千瓦电力的巨型电站的前身。

珍珠街电站的建成，使得那些曾经批评过爱迪生的人最后终于沉默下来。

不过，电力运作依然处在探索状态，常常会发生预想不到的事故。有一次在关联两架发电机时，就发生了极其危险的状况。

有一个工人说道："我们不知道究竟会有什么事情发生了，那两只'大象'咆哮着，从重浊的轧轧声一变而为可怕的尖叫声，室中充满了火花和各种颜色的火焰。这简直好像一个魔窟的大门突然洞开了。"①

在这一时期珍珠街电厂中只得仍用一架发电机来发电了。单独的一架"大象"发电机的发电量只能供应1200盏灯，因此第一区中的电灯就不能很快地亮起来。舆论界又立刻抓住这个机会，宣传爱迪生失败了。有一个署名"无名氏"的通讯员写信给一个最大的煤气工业杂志道："爱迪生正经历着一生中最大的挫折，他想用他的地下电线系统点亮2500家用户的白炽灯的企图已经完

①李云玲:《爱迪生的故事》,第81页。

全失败了。”[①] 这封信还被登在纽约《太阳报》上，不过，爱迪生依然在孜孜不倦地研究着。

电力事业的扩展

珍珠街电站建成后不久，爱迪生就获得了 31 个专利，从来没有人在如此短时间内就获得这样多的专利。而随着珍珠街发电站的建成，爱迪生的电力事业也在如火如荼扩展着。在 1882 年底，珍珠街电站有 231 家客户，电灯数有 3400 盏。一年时间不到，珍珠街电厂已发展有 431 家客户，电灯总数超过了 1 万盏。工商业的大力发展，使得越来越多的客户如音乐厅、报社、纺织厂、面粉厂、粮食仓库，甚至许多轮船纷纷要求建立独立电厂。此时的爱迪生已经被报界称颂为“普降光明的人”。

电厂的大力推广给爱迪生公司带来了巨额利润，爱迪生却还在孜孜不倦努力着。不久，新的布线方法——三线分布法面世，并成功申请专利。这种布线方式是在接线板接出三根平行的电线，中线联接在两架互相串联的发电机中间的跨

①李云玲:《爱迪生的故事》,第 82 页。

接线上。外边的两根电线，一根接在一架发电机的阳极上，另一根接在另一架的阴极上。

爱迪生在马萨诸塞州的一个小镇上实验了自己新的布线法。居民们都愿意接受爱迪生在小镇上设立发电厂，不过他们不愿意将电线铺设在地下。后来，爱迪生想出了一个妙计：他派了两位工程师乘了一辆四轮马车，在镇上来回巡查，并佯作记下每棵树木的地位，然后他们又故意在各处标上“t”字、“e”字，表示某处困难（Tough），不易牵拉电线，某处容易（Easy）牵拉电线。小镇居民出于爱护绿树成荫的树木，最终同意将电线铺在地下了。电厂顺利建成，三线法经过实践证明比以前的二线法节省 2/3 的铜量。

接下来，爱迪生打算选择一处煤气昂贵而燃料低廉的小镇进行试验，以便在类似的区域推行自己的电力系统。他选定了宾夕法尼亚州的一个小镇。

小镇上的居民最初对电灯系统并没有什么好感。有人担心，电流会从电线中漏出来烧掉他们的房子，有人还说“有恶鬼煽动”。恰巧有一次下雨打雷，一家饭店的电灯线和煤气管之间产生火花，饭店主人和客人因为害怕宁愿站在街道上淋雨，也不敢进屋。居民们恐惧更盛。好在，工程师安德烈及时赶去排查，发现屋子是被闪电击中了，如果没有电线保护，反倒会起火。经过安德烈的耐心解释以及爱迪生公司的优惠——凡是愿意用电灯的人，可以免费使用3个月，居民们渐渐接受了电灯系统。

爱迪生的照明系统在各个地区、各个行业有序地普及着。

旅馆使用电灯了。1881年，阿迪龙达克山上的蓝山饭店成为第一家采用电灯照明的旅馆。这家饭店建在海拔3500英尺处，当时架设电线和电机设备的时候，因为距离铁路线遥远，不得不用骡子一趟一趟运过去，所以足足耗费10年之久。而因为运煤成本太高，发电站锅炉最初也用木炭作替代燃料。

剧院经营者们也广泛采用电灯系统和发电机。芝加哥的哈佛利剧院率先安装了637盏电灯，大厅中央还安装了一个价值500美元的吊灯。大厅、回廊、入口处、舞台上都采用了照明装置，并且不同区域的发电机单独供电。最初时，有的演员担心在灯光照射下，他们的化妆会失真，不过，舞台与化妆间完全一样的灯光效果打消了他们心中的疑虑。

电灯、电力工业不仅在美国得到大力推广，在国外也受到了欢迎。爱迪生的白炽灯从伦敦、柏林、布拉格的剧院，法国、德国的酿酒厂、造纸厂与纺织厂……普及到整个欧洲的工商业领域。在1883年夏天，还推广到了南美洲。智利的圣地亚哥，不仅安装了电灯，还引进了其他电力装置。比如，有的旅馆安装了电火警系统。据报道，“这种装置耗电少，成本低，使用方便，也不会发生故障。最重要的是，使用这种装置以后，旅客们可以提前得到预警，及时撤离。”

出色的宣传家

除了是一位伟大的发明家，爱迪生还是一位出色的宣传家，或许这与他早年从事过报业有关。在以往的各种发明推广时，我们看到爱迪生非常懂得充分利用媒体和各种途径宣传。这一次，为了扩展电灯事业，爱迪生更是不遗余力地展开了宣传。

首先，举办电灯展览会。例如，在爱迪生电灯展览会上，他会雇用一名宣传员。这位宣传员佩戴着一顶装有电灯的头盔。每当他发出一份宣传单，头上的电灯就闪亮一下。原来爱迪生将电灯的电源线设计在衣服里面，电线下端一直接到鞋尖上，每发一份宣传单，宣传员皮鞋的尖角就刺进展览台的地毯下接通电源，这样灯自然就闪亮一下。这种展览效果吸引了很多观众。

其次，举行公开表演。比如“电灯大游行”就曾引起热烈反响。爱迪生让几百个年轻人头戴用小灯泡点缀起来的帽子，排成 4 排，组成大方阵。方阵中间是能跟着人群移动的蒸汽发动机和“直流发电机”。而年轻人帽子上的小灯泡，正是将电源线接到直流发电机上的。“游行”打前阵的人骑着马，挥舞着同样散发光源的警棍，后面紧跟着乐队。随着进行曲的节奏和指挥人的指挥，数百盏小灯泡时明时灭，不时变换着。这种游行更是博得了观众的热烈回应，大家纷纷喊着：“爱迪生，电灯！”“爱迪生，电灯”，颇有些像现在的歌迷演唱会现场。

公开表演最经典的莫属“电灯舞”。当时一位大剧院的经理受到“电灯大游行”启发，希望爱迪生能帮忙举办一次表演。1883 年，著名的纽约音乐厅尼布洛公园举办了“一台大型的模拟芭蕾舞剧”，由爱迪生亲自担任剧院舞台监督的职务。

爱迪生做了如下创意：舞蹈的背景是当时新建的“布鲁克林大桥”的模型，模型采用电灯照明。参加舞剧的每一位芭蕾女郎在跳舞时会挥动一根木棒，木棒顶棒则加装了一盏电灯。爱迪生亲自在芭蕾女郎们的舞衣上安装上电线，然后电线接通到她们身上携带的电池上，以便于电灯发光。

演出之前，剧院就进行了铺天盖地的宣传。纽约市到处张贴海报，豪迈地宣称“在托马斯·爱迪生先生亲自指导下的爱迪生电灯公司的新奇的照明效果”。就如同当今明星受欢迎的程度一样，粉丝们听到爱迪生的名字就已疯狂。开演当天，剧院门口被围得水泄不通，买票进场的人排成长龙。而我们可爱的发明家在演出前还紧张地在这些女孩子们当中跑来跑去，时不时帮她们整理下舞衣，以便不妨碍电线。演出表演效果奇佳，剧院连日爆满。电灯舞成为这家剧院的招牌，而这又成了爱迪生电灯的响亮招牌。双方实现双赢。

第三，利用简报宣传。爱迪生电灯公司每隔 10 天就发表一份简报。简报内容巧妙地采用对比方法：当时和电灯形成竞争的主要是煤气灯。简报中指出煤气灯存在诸多缺点，电灯照明则有很多优点，呼吁民众选择电灯照明。

即便爱迪生几乎将每天 2/3，18 个小时的时间投入发明研究以及各种推广中，但一个人的精力毕竟有限。或许正是因为在电灯事业当中，爱迪生分身无术，以至于他与一项 19 世纪被公认的最重要的科学发现失之交臂。这个发现就是被称为“爱迪生效应”的现象。它为现代无线电技术中极其重要的电子管的发明打下了基础。

爱迪生在改进白炽灯的过程中，发现了在灯泡的内壁上会产生一层薄薄的积炭。他为此很好奇。为了查明灯泡变黑以及随之而来的炭丝烧坏的原因，爱迪生进行了一系列实验。他在灯泡内焊接了一个金属薄片，然后将这个薄片和电流计连在一起。当薄片与电池的阳极接触在一起时，电流计的指针就会发生偏转，说明有电流存在。当把薄片与电池的阴极接触，则没有电流产生。不过因为当时有太多事情掣肘，爱迪生虽然把这一事实记在日记里，并撰文对此进行了描述，甚至在 1883 年还写成专利书呈报上去。遗憾的是，他却没有再深入一步，如果他当时能深究下去，这位魔术师或许会接触到电子学和无线电的问题了。

直到1904年，在研制无线电时，人们才发现门罗公园的魔术师早在25年以前就注意到这一独特现象。发现者是英国工程师弗莱明（J. A. Fleming，1848－1945），在他的回忆录中写道："1904年10月，我在专心思考这一问题时，一个非常愉快的念头突然涌上心头。我回忆起自己在'爱迪生效应'方面所做过的实验，特别是白炽灯炭丝和灯泡中的冷金属板之间可以通过一瓦特电能的发现，我对自己说：'如果是这样的话，那么我们手中持有的恰恰是用来进行高频振荡整流的工具。'我让助手在一个电路里造成弱高频电流，然后我从柜里拿出一只过去实验时用过的灯泡……"实验完全成功。这种无线电管，在美国则称为电子管。

电力火车的发明

实验电力火车，爱迪生早在1878年就有了想法。据爱迪生自己回忆，在观测日食的那次旅行归途中，因为看到"农夫们用马车载运蔬菜或小麦，马和人都喘不过气来"的辛苦，他与巴克教授还谈到铺设小型铁轨，让电车行驶的设想。不过旅行归来后的爱迪生，把大多数时间和精力放在电灯的发明上了，无暇顾及将这一设想付诸现实，直到1880年。

一天，“北美太平洋铁路”的总裁亨利·维拉德来到门罗公园，对爱迪生说：“你也知道，使用蒸汽机车头的火车在山岳地带，进入隧道，煤烟呛人，司机和乘客都不舒服，尤其夏天开着窗子，进来的煤烟更大。不知道有没有办法改用电力？”

爱迪生笑着说，“其实，已经有人动这个脑筋了。”

他告诉维拉德，自己还在大干线铁路卖报时，在底特律图书馆曾读过一本书，书上就写着1837年曾经有一个英国人制作过利用电池行驶的电车。1850年，美国也有人想制造蓄电池的电车。1879年，德国西门子公司在柏林交易会上展出了一种非车载电池的5节列车，这辆机车曾载了30位乘客，创下每小时行驶24公里的速度记录。机车是由一台3马力电机驱动的。这是第一台用新型发电机来代替电池车辆的机车。不过，这种列车有其弱点——绝缘问题使得列车仅限于晴天使用。

维拉德着急地追问道，“德国的火车已经换用电车了吗？”

“不，还没有进步到那样，我想自己来发明和他们不相同的电车。”爱迪生很自信地说。“因为电灯的需要我制作了强力发电机，现在只要把那个改为电气马达就行，计划早就拟好了。”

维拉德对这一构想很感兴趣，双方很快签订了协议书。维拉德给爱迪生提供研究费用，爱迪生实验成功，首先给北美太平洋铁路公司使用。

爱迪生一边改良电灯的相关发明，一边投入到对电力火车的研究。

1880 年 5 月，爱迪生在门罗公园研究所铺出一条城市街车轨道改装的铁路，铁路先沿一条乡间道路伸展，然后绕过一座土丘，有急坡、有曲线，而且到处高低不平，呈“U”字形转回研究所，全长大约 500 米。电流由两台发电机输入铁轨，第 3 台发电机装在旁边的一个四轮铁架货车上作为马达。

电力火车完成后，终于要试车了。电气机车后挂着两节客车，外观虽然不美，但无论如何，这是美国的第一辆电气车。这年年底，爱迪生提出了电力机车系统的第一份专利申请。爱迪生对电气铁路充满了信心。他亲自进行了试车。成功试车后，爱迪生发明电车的事，传遍各地，每天前来参观的人络绎不绝，并且要求搭乘电车。

门罗公园研究所的法律顾问劳里听说之后，特地从纽约赶来。在爱迪生的盛情邀请下，两人一起搭乘了机车。对这次搭乘，劳里记忆犹新，因为搭乘中间发生了小意外。劳里的书信中记录了当天的情景：这天是由克鲁齐当司机。他以60公里的时速行驶，当拐弯时，我反对车行驶得那么快，但是爱迪生说他们常常这样做。终于在最后一次行驶时，我说我不喜欢乘车而要沿铁路走。我下了车，而列车开到一段拐弯处脱轨了。当时正在驾驶机车的克鲁齐脸朝下摔到泥土中。爱迪生幸运地没有摔出来。他下了机车，跳着笑着说："这是一个很有趣的意外事件。"① 司机克鲁齐站起来，脸上流着血，浑身抖着，庆幸的是除了脸擦伤，他没有受其他伤。

由于这次脱轨，爱迪生遭到许多人的指摘和

①[美]弗朗西斯·特里维廉·米勒：《人类惠师爱迪生》，第167页。

非难。错误常常是正确的先导。这次脱轨事故，对爱迪生来说，提供了一次很好的实践资料。使他想到车子一旦危急，可以使用相反的电流，产生抗力以阻止车子前冲，因而发明了电气制动器。

爱迪生在自己的铁轨上不断改良机车的性能，并提出有关的专利申请。

爱迪生电车的发明进展顺利，使维拉德感到高兴。维拉德为门罗公园提供了建筑 3 英里长的一段铁轨的资金，并同意，一旦爱迪生将电气铁路费用降在蒸汽机机车之下，他就立刻建造 50 英里长的电气铁路。不过，遗憾的是，这一目标还未实现，维拉德就破产了。

维拉德破产后，再也不能为爱迪生提供研究经费了。维拉德是一个有诚信的人，他仍然跑到门罗公园对爱迪生说：“和你所订的协议我一定遵守，你的研究费用，我一定会付给你。”

“维拉德先生，协议书当作没有订好了，但你的友情，将永志不忘。感谢你的鼓励，由于你的帮助，电车才能发展到目前这种程度，维拉德先生，你现在应该设法让自己再度站起来。”爱迪生安慰道。

爱迪生对电动机车的发明也做出了巨大的贡献，但为什么不像电话、电灯、留声机等那样使爱迪生出名呢？原因在于，当爱迪生研究电车的时候，德国西门子已经在德国发展了电气铁路，而在美国还有一位斯蒂芬·菲尔德也在从事同样的电车研究。于是他们与爱迪生之间就专利权进行了多年的诉讼。法庭最终宣布西门子败诉，而投资者们为了促使电车事业化，特别促使爱迪生和菲尔德两人就专利特许权合作，在 1883 年以资金 200 万美元设立"美国电气铁路公司"。几个月后，爱迪生与菲尔德铺设了一条供表演用的铁路，共 1/3 英里长，地点是在芝加哥博览会大厅。在短短的展示期间，爱迪生的改良电车获得了很高的评价。不过，电气铁路并没有很快得以推广。一是爱迪生太忙了。按照他自己的说法："我之所以失败，是因为我不能继续干下去，我没有时间，这里需要我做的事情太多，尤其是涉及电灯方面的工作。"二是铁道马车依然受欢迎。铁道马车已有 50 年的历史，而且相对轻便、安全，因此很多市民喜爱马车，反对电车，以致电车很难有进展。此外，又因北美太平洋铁路公司破产。所以直到 1890 年以后，曾经作为大城市运输工具的马车才消失。此时，维拉德东山再起，再度成为北美太平洋铁路的总裁，他遵守以前的约定，向爱迪生提出关于西部山岳地区铁路电气化计划。

随着电力照明系统的拓展，在各个工业部门中，电动机逐渐取代了蒸汽机。1880 年的时候，美国工业还依靠蒸汽机，到 1900 年，电已成为动力的一个来源，电力已达 30 万马力，到 1914 年，电力进一步增加到 900 万马力。电力节省了大批人力和物力，改善了操作环境，减轻了劳动强度，提高了生产效率，引起了社会生产的重大变革。到 19 世纪后期，美国电力工业的发展超过了老牌资本主义的英国。

第九章
西奥兰治的新天地与活动电影的发明

贤内助们的付出

爱迪生一生结过两次婚。第一任妻子玛丽，第二任妻子米娜。

1884 年夏天，正当爱迪生的发明事业如日中天的时候，玛丽生病了，她患上了伤寒。起初大家都以为她只不过是受了点凉，吃点药就会好转。正在纽约总部奋战的爱迪生也以为妻子只是小病，没有回去照顾她。玛丽的妹妹和医生们每天尽力看护，但玛丽的病情很快恶化，爱迪生只赶在妻子最后的时光陪伴了她几天。

玛丽在 8 月 9 日凌晨去世。这一年，爱迪生 37 岁。在 1884 年和 1885 年之间的岁月中爱迪生的生活是寂寞单调的。妻子玛丽在世时，理解爱迪生事业的重要，即便他几乎把所有时间都投入到工作中，玛丽也丝毫没有怨言，只是默默地做着贤内助：为了使爱迪生生活有规律，不致影响身体健康，玛丽对他十分体贴。她经常做可口的饭菜，一到开饭时间便给爱迪生送到实验室；晚上熬夜，又给他送去夜宵；半夜回家，玛丽就煮好咖啡，准备好面包等着他；天将转冷，玛丽早为爱迪生制作好厚呢子大衣；夏季太热，玛丽把爱迪生经常换洗的衣衫都洗得干干净净，烫得平平整整……正是妻子对家庭的精心打理才能让他全身心地投入到发明研究中。妻子的谢世，使他感到了从未有过的孤寂，更让他看到妻子的付出，但手头的工作却不得不继续下去。三个年幼的孩子，11 岁的多特，8 岁的小阿尔瓦和 6 岁的威廉需要人照顾，爱迪生把孩子们送到纽约去，请孩子的外祖母史蒂威尔照看。而见证过无数奇迹的门罗公园于他而言也成了悲伤的处所，爱迪生把那里的各种仪器搬到纽约，舍弃了门罗公园。

爱迪生的孤独使他做了以前从来没有做过的事情。以前，他总是喜欢穿旧衣服、旧鞋子和机器打交道。现在，他买了豪华的新衣服，昂贵的夹脚的新鞋。他去看音乐表演和没有音乐的演出；他去参加家宴和船上宴会。当这些都没有办法抹掉内心的伤感时，他便又埋头于工作中。这一阶段，他除了发明“爱迪生作用灯泡”，还利用“爱迪生作用灯泡”发明了利用电波通讯的“无线电”①，可以和 4 公里以外的海上船只或行驶中的火车通讯。

玛丽去世后，爱迪生的朋友们都希望他早点走出丧妻之痛，纷纷帮他寻找伴侣。1885 年 5 月的一天，爱迪生应邀赴宴。在宴会上他认识了米娜·米勒（Mina Miller），路易斯·米勒（我们在前面已经提到）的女儿。米娜见到爱迪生的时候，只有 18 岁，爱迪生已是 38 岁，两人相差 20 岁，不过米娜是爱迪生的粉丝，她懂得发明家喜欢什么。所以，爱迪生对她一见钟情。1886 年 2 月 24 日，他们在米娜老家举行婚礼。

结婚后，爱迪生买下离纽约市 60 公里，新泽西州的西奥兰治郊区的一座漂亮的房子，举家迁居这里。

---

①一般认为“无线电”是意大利人马可尼发明的，其实，马可尼发明“无线电”，要迟爱迪生 11 年，也就是在 1896 年。

米娜比爱迪生的女儿多特只大几岁，不过她熟谙家务、艺术，性情温良，像玛丽一样喜好教育工作，所以她很快就打开了三个孩子的心扉，跟他们相处融洽。

米娜对爱迪生的关心不亚于玛丽。她知道爱迪生经常废寝忘食，所以格外留意。每天早上都要拦住他喝完牛奶才走。有时爱迪生因为忙碌而不能回家，她就把饭菜送到实验室，看他吃完了才走。米娜已经数不清有多少次，为了饭凉了的事情对爱迪生发脾气。她为了使爱迪生在繁忙而紧张的工作中得到休息，常常陪着丈夫去看戏，而对爱迪生来说，这确实是唯一的消遣。

或许是玛丽的去世让爱迪生意识到他对家庭的愧疚，所以他现在比以往更加注重和家人的团聚，尤其是重大节日时。爱迪生最开心的事就是每年的 7 月 4 日。这一天一大早，爱迪生就把孩子们从被窝里轰了起来，来到离家不远的绿草如茵的山坡上，燃放早已准备好的一串串鞭炮。孩子们往往兴奋地光着脚丫子就跑到山坡上。这时，爱迪生把鞭炮分成 4 份，他自己一份，三个孩子一人一份。爱迪生会打头阵，他点燃爆竹，在噼里啪啦的清脆响声中，把鞭炮往孩子们光脚上扔去。望着自己的孩子在草地上光脚躲闪鞭炮的模样，他总是开怀大笑，经常笑得腰都直不起来。在一口气放完属于自己的 1/4，爱迪生就不得不在孩子们的逼迫下，脱掉鞋袜，也光着脚丫子接受孩子们同样的“待遇”。

这一刹那爱迪生溶化在天伦之乐中，这是他最为开心的事情。几年后，米娜为爱迪生生下了两个儿子，一个女儿——查尔斯、西奥多和玛德琳。

爱迪生重新有了温暖的家。从那时起到“发明王”去世的几十年间，种种发明都是在这里完成的。

新的研究所

西奥兰治的新居是三层楼、尖屋顶的维多利亚式建筑，爱迪生在这里开辟了公园、畜牧场和养禽场。搬进新居的同时，1887 年，爱迪生又在附近建造了比门罗公园更加完善的研究所，新的研究所是一座长 77 米，宽 8 米的长型三层楼建筑，另外还有 4 座长 30 米，宽 6 米的平房。平房的中间开设了一间很大的图书室，除拥有 6 万册图书外，还有过去 50 年世界各国出版的科学杂志、报纸以及各大学所发表的研究论文，差不多都已收集齐全。

西奥兰治新生活开始以后，年富力强的爱迪生有一个雄心勃勃的计划：从小规模开始，逐步扩大，直至在奥兰治河谷地建起一系列工厂，由实验室提供定型的产品模型、样型，并为工厂安装必要的专用设备。生产那些投资少，收益高的商品，还有那些只售给批发商和经销商的产品。综合工厂将同时研制 30 至 40 种性质迥然不同的物品，致力于解决当时新型电力工业提出的许多新的课题。

得益于强大的研究团队，爱迪生的宏伟计划大都实现。在其后的 20 年里，这一带建起了一系列公司，如国民留声机公司、爱迪生商业留声机公司、爱迪生留声机厂、爱迪生制造公司、爱迪生电池公司等。正如一位评论家所说，爱迪生“就像一个电动佛爷一样思考着该地区的建设”。

专利权之争

西奥兰治新生活以后，爱迪生进行了一场捍卫专利权的斗争。他开始对那些侵犯他白炽灯专利的人采取了强硬态度。

从 1880 年以来，社会上就开始有不少人侵犯他的专利。在市场上不仅出现了其他一些使用灯丝的电灯，而且爱迪生发明中的保险丝、开关等电灯辅助装置也都有了新的翻版。对于这种侵权行为，当时美国并没有提出诉讼的先例。为此，爱迪生受到了电灯公司股东们的强烈指责。他们认为他未能有效保护他们的权益。

专利被侵权的问题，是很多发明家都会遇到的问题，因为一个发明物往往不是一位发明家的功劳。爱迪生最初对这一问题采取了沉默态度。原因有两点：一是，他的主要精力都放在电灯灯丝的改善上。他清楚地知道，一旦诉诸法律，会占去他许多宝贵时间，而对他来说，节省时间就等于延长生命。权衡之下，爱迪生选择了沉默。二是，他对专利法持怀疑态度。他认为，在专利法方面是没有正义可言的。之前在德国申请炭精电话的专利权时，因为一个标点符号，他失败了，在德国的另一项专利也因为某些原因被作废。另外他认为，在专利保护程序上也存在问题。他说："一件诉讼案会从一个法庭抛出，送进另一个法庭，以文件形式送来，又以争辩形式退回，如此来来往往，与其说是寻求正义，不如说是'踢球'训练。……从而一拖再拖，绵延数年，使诉讼的目的完全化为乌有。”①

这种观点当然带有他个人的偏见。因为他自己就曾竭力回避保护贝尔电话专利的法律条文。而他之所以有偏见，也是因为他永远不能忘记曾经为多通路系统的专利权出庭作证的漫长日子。

现在，爱迪生不再保持沉默。从 19 世纪 80 年代中叶起，到 19 世纪末，爱迪生一共提出了 200 多件旨在保护自己电灯系统的诉讼。爱迪生电灯公司向美国电灯公司、联合电灯公司和其他一些公司提出诉讼，对前两家公司的诉讼一直持续多年。共有 50 项专利被立案审理，其中最重要的是有关灯丝的问题。

诉讼最初并没有奏效，直到 1889 年，爱迪生公司的形势才有了改观。加拿大农业部长为爱迪生的原始电灯专利翻了案，允许爱迪生重新起诉美国电灯公司。接着，索耶对爱迪生电灯公司的起诉被法庭驳回。到 1892 年底，爱迪生利益集团终于可以无拘无束地惩罚那些侵犯爱迪生专利的人了。

不过新的问题又出现。又有人向法庭起诉爱迪生公司，说他在爱迪生之前就发明了有实用价

①李云玲：《爱迪生的故事》，第 100 页。

值的白炽灯，虽然他的起诉被宣告无效，但这再次延误了爱迪生专利的有效期。

专利权问题，使爱迪生蒙受了时间和经济上的损失。一方面，到1900年为止，爱迪生为此花费200万美元。另一方面，在无数的专利诉讼案中，他既要查询过去的材料和报告，又要出庭作证，也给他造成了沉重的负担。

为了弥补由于专利权问题耽搁的时间和经济损失，爱迪生更加忘我地工作。他通常每天7点钟就到了实验室，他首先检查头一天晚上实验室人员工作的情况，然后开始做自己的实验，直到中午吃饭。在吃饭时间，他或者接待来访的客人，或是与那些需要向他求教某些特殊问题的公司人员洽谈。下午1点钟，他又回到工作台，检查他的助手们都做了些什么，给他们指出工作程序。这时候的爱迪生就像一位大家长，在自己的地盘上可以随便批评指点江山。不过正是在这种指点江山般的自信中，骄傲的种子也悄悄发芽了，为此爱迪生也犯下了他人生中一个巨大的错误。

直流与交流的交锋

不可否认的是，直流电系统从诞生那天起就

存在着它的缺点。爱迪生的第一批发电厂是用直流电输送电力的，由于功率在电线摩擦中迅速损耗掉，以致发电厂输送电力的距离最远不超过一英里。如果这种状况继续下去，那么除了大城市外，别的地方也许就得不到电力。此外，采用直流电输送电力需要把电压局限在 250 伏之内，如果超过这一标准就会烧毁灯丝，或危及用户的安全。于是人们设想：能不能将电压提高，以利于远距离输电，然后在输入用户或工厂之前，再将电压降下来。从 19 世纪 80 年代初期，人们就在这方面做过多次尝试，但都失败了。曾经锐意改革创新的爱迪生在交流电是否可行的问题上，却不假实验就倾向于采用直流电，固执己见，他所表现出的保守和顽固，不亚于当初那些讥笑电灯可以取代煤气灯的人们。

当然，之所以固执己见，采取保守态度，恐怕还有人为的因素。那就是许多人都熟知的爱迪生与特斯拉的恩怨。特斯拉最初在法国工作，班切勒欣赏他的才华，说服他到美国为爱迪生工作。此时，爱迪生已是世界上出名的伟人了，而小爱迪生几岁的特斯拉还是默默无闻。他们两人之间在科学道路上有不同的选择：爱迪生注重实践，是位凭经验在摸索中进行发明的人，特斯拉注重理论。特斯拉坚信：交流电终有一天会使供电范围更广，成本更低。爱迪生则对这种设想不屑一顾，不愿做认真考虑。两人最终分道扬镳了，事情也起源于一件小事。

有一次，特斯拉同爱迪生谈论起发电机的几种潜在的改革可能，爱迪生无意中说："如果你能做成，付你 5 万美元。"特斯拉用几个月的时间对发电机进行改革实验，他把改革后的附件装入发电机，实验完全成功。当他向爱迪生索取 5 万美元时，爱迪生却回答说："特斯拉，你不知道我们美国人爱开玩笑吗?"

特斯拉认为自己受骗了，于是当场辞职。一向说话算数的爱迪生这次却拒绝付钱给特斯拉，我们不清楚当时的具体场景，历史又无法重现。或许是因为爱迪生感觉到自己大家长无所不能的地位受到挑战吧。也因为此，特斯拉一直对爱迪生耿耿于怀。1912 年，特斯拉被授予诺贝尔物理学奖金，但当他得知将与爱迪生一起分享这一荣誉时，他表示不接受授奖，这样奖金便颁发给了瑞典物理学家尼尔斯·古斯塔夫·达伦。这是后话，暂且不提。

离开爱迪生之后，特斯拉得到了乔治·威斯汀豪斯[①]的支持，终于将交流电引向实际应用。1888 年，特斯拉成功地建成了一个交流电电力传送系统。他设计的发电机比直流发电机简单、灵便，而他的变压器又解决了长途送电中的固有问题。利用变压器，可将输入线路的电压提高，在送入家庭用户或工厂之前，再把电压降下来。乔治·威斯汀豪斯的交流电系统问世，于是爱迪生系统和威斯汀豪斯系统之间爆发了一场“电流战”。

此时的爱迪生依然坚持己见。前文我们说过，爱迪生是一个出色的宣传家。不过这一次他却利用舆论对交流电进行攻击。他清楚地知道，交流电可以降低成本，从经济角度来攻击交流电，势必会失败。于是，他就在其他方面做文章。他利用当时公众对电力怀有的畏惧之心，发行了一本名为《当心》的小册子，书中详细地列

---

①乔治·威斯汀豪斯，George Westinghouse Jr.，1846—1914，美国发明家、实业家。1869 年发明了火车使用的气闸，使高速铁路运输安全，至今仍为标准设备。1882 年发明了铁路信号系统，1869 年建立威斯汀豪斯电气公司，该公司掌握 400 多项与铁路运输有关的专利。率先将高压交流电引入美国的输电系统。

举了交流电的所谓种种危险，宣传高压的危险。

他还在《北美周刊》发表了一篇题为《电灯之危险》的文章，攻击交流电的使用。

除了在舆论上压倒对方以外，为了证明他的论点，他还用交流电杀死了一些无主的猫狗，并在纽约市装置电椅时鼓励采用交流电。1889 年 5 月爱迪生的好友布朗购下了 3 台威斯汀豪斯交流发电机，未告诉卖方他将把这几台发电机转卖给监狱方面。一年之后，奥本州立监狱、星星监狱和克林顿监狱决定使用电椅执行死刑。1890 年 8 月 6 日，威廉·凯姆勒以杀人罪在奥本坐上交流电椅死去。爱迪生和其他几个帮手英索尔、约翰逊等人趁此机会宣传破坏交流电的声誉，使得交流电在许多人的心目中引起了恐惧，俨然成了死神的同义语。爱迪生利益集团还支持一项动议，将电压限制在 800 伏特之内，以此束缚交流电的有效使用，并且又不妨碍他们自己的利益。

威斯汀豪斯一方则针锋相对，撰文捍卫交流电的长处。除了在报刊上进行论战以外，双方都进行了大量的政治游说。

双方两败俱伤。不过交流电最终取得了胜利。在其后的几年里，交流电发展迅猛应用迅速扩大，它逐渐地占领了用户市场。后来，爱迪生公司的中心发电站和长途送电系统使用的也是交流电，而直流电系统只保留在局部输电网的供电装置上。即便如此，到 1903 年，爱迪生本人还在愤愤不平地说："为什么大家都争先恐后地使用交流电？"

交流电成为主要输电方式。远距离输电方法的产生和运用，为工业电气化彻底解决了电力的供应问题。从此，从城市到农村，从平原到山区，都可以得到电的供应，电气化的时代开始了。

不遗余力甚至不惜采用一些不当手段来批评交流电，是爱迪生最不让人称道之处。所以有人说，"像他这样一个自己搞出了许多发明创造的人竟然对别人的新发明大加攻击，这是很矛盾的事。"或许在这方面，反映出了爱迪生成为名人之后渐渐滋生的顽固自大的缺点，也反映出这场斗争并不是单纯的科学之争，更是一场人为的意气之争。

兴趣的转移

从 19 世纪 80 年代初到 19 世纪末，爱迪生完成了自己公司的改组，这为他的事业带来了新的变化。在他的倡导下，各公司进行了合并，最后于 1888 年建起了一个统一的爱迪生通用电气公司。随着爱迪生通用电气公司的成立，爱迪生将由他资助创建的新型工业的控制权大部都移交给了他人。他所得到的报酬就是现金和时间，这些金钱和时间就可用来进行各类发明和实验。

爱迪生又把全部精力都用到了发明创造上，实验和研究成了他的第二生命。爱迪生在发明电灯不久，又投入到一项重大的探索之中。这种重大探索的首要内容就是电影摄像机。

在发明了留声机之后，爱迪生就有过设想，既然自己能设计为耳朵享受的留声机，那为什么不可以为眼睛做点什么呢？不过分身无术的他，之前无暇顾及这一研究。

到了 19 世纪 80 年代末，很多科学家在这一领域开始探讨。如美国的迈布里奇（Eadweard Muybridge）、法国的马雷（Maray）以及英国的弗赖斯·格林（Fless Gering）德国的奥托马·安舒茨等人。

以美国本土的迈布里奇来说，他发明了一种叫“动物实验镜”的放映机。这种放映机通过一块旋转的圆形玻璃将形象投射出去，这样就使这些形象显得像是在自然运动。据《科学美国人》杂志报道："这样投射于屏幕的马匹，如果再加上马蹄声和鼻孔不时地喷响，就会使观众相信面前是有血有肉的骏马。"

迈布里奇在美国到处表演这种实验镜。1888年2月25日，迈布里奇来到了西奥兰治并在两天后访问了爱迪生的实验室。据他在题为《运动中的动物》一书中说，他"就动物图像放映机结合留声机使用的可能性与托马斯·A·爱迪生先生进行了磋商"。爱迪生在发表于《纽约世界报》的一份声明中表示同意。后来这一设想没有付诸实践，是因为迈布里奇感到留声机的音量不足以应付大量的观众。

迈布里奇的摄影方法存在着很大的缺点。这就是为了拍摄马匹一分钟的奔跑，需要在跑道沿线架设720只照相机。而且，每张照片中马匹都处在中央，虽然看上去它的腿部在运动，但就马匹本身来讲却似乎没有移动位置，只是背景在飞速地掠过。

不过他的到访重新点燃了爱迪生对"电影"的兴趣，而且这次他有了得力助手威廉·迪克逊（W. K. L. Dickson）。迪克逊是一名摄影师，他迁居美国的目的就是要加入爱迪生的阵营。迪克逊干事认真，工作严谨，之前，他就担任制造巨型发电机的戈尔克街工厂的实验部主任。爱迪生自己因为还未能从电力事业中脱身，那时他不仅在准备着各公司合并事宜，他还在计划去英、法两国访问，所以在和其他助手们共同设计了一套方案后，爱迪生将研制照相机的任务交给了迪克逊。

活动的照相——电影放映机

1889 年巴黎举办世界博览会，8 月 3 日爱迪生偕夫人和女儿开启了欧洲之行。

巴黎博览会上，美国馆的展品有 1/3 是爱迪生公司的产品，爱迪生受到了盛情接待和至高无上的礼遇。巴黎市特别赠送了一枚金质奖品给爱迪生，以示向这位美国大发明家表示敬意。

开幕的那一天，法国卡诺总统致开幕词，在他的面前放着两架留声机。一架用来记录总统的演讲，保存在法国。另一架是预备交给爱迪生，请他转赠给美国哈里森总统的。总统还代表法国政府颁赠爱迪生大勋章。有意思的是，爱迪生觉得难为情，他回忆说，“他们想替我套上一副肩带，可是我是受不住的。我的妻子替我把那小红章佩在衣襟上，每当我看见有美国人过来时，便马上让它从我衣襟滑掉，我怕他们会取笑我。”

对爱迪生来说，收获最大的是在 8 月 19 日。这是庆祝达盖尔公布摄影术 50 周年的日子，爱迪生在这次宴会上遇见了马雷，这对爱迪生探索有声电影具有重要的启发。马雷当时设计了一种电影“摄影枪”，用一块圆形玻璃片和一个圆形金属盘，盘上配有快门，使两个圆形呈相反方向旋转，用以摄影。1882 年，他又发明了“固定底片连续摄影机”，这种摄影机以后由于采用了市上新近出售的柯达胶卷而成为“活动底片连续摄影机”。爱迪生参观了马雷的车间，他意识到马雷这一发明的重要性。

爱迪生在巴黎结束旅行后，又在欧洲周游一圈，所到之处都受到了热烈的欢迎。

前往法国之前，爱迪生催促迪克逊继续他的工作。此时的他不知道，等他结束旅行的时候，有个巨大的惊喜在等着他。

迪克逊的确“拼命地”工作着，他已经成功地制造出一台能将几个动画形象记录在一条短胶带上的摄像机。他还制作了一台观景器。这是一个盒子，人们往里看，可以瞧见画面在移动。这种摄像机被称为“电影记录器”，而那种观景器则被称为“电影视镜”。

爱迪生一从欧洲回来，就被助手们很神秘地请进实验室的摄影室中，请他坐着静观一块布幕上的动静。幻灯一打开，迪克逊的影像出现在荧幕上。他扬着帽子，笑着说道：“早安，爱迪生先生，我很高兴您回来了。我相信你对于这有声影片一定会觉得满意的。为了向您表演声画同步的播放，我举手并同时从 1 数到 10。”

爱迪生当然很兴奋，女儿多特更在身边兴奋地喊着：“好神奇啊，迪克逊叔叔。”不过他并不满意。他拿出在返美的大西洋旅途所画的一张摄影机草图，跟迪克逊介绍马雷的装置，并且建议把马雷的技术和他们现有的成果结合起来。

爱迪生自己则开始集中精力实验条形底片。对于下一步的电影探索工作，助手迪克逊和爱迪生之间产生了意见分歧。迪克逊急于搞成大屏幕投影，而爱迪生则主张集中精力研究即将获得成功的“活动电影放映机”。因为在爱迪生看来，目标稍低一些，可以完成得快一些。不过后来的电影发展趋势证明，或许爱迪生应该接受助手的建议。

1891 年 5 月 20 日，第一台成功的活动电影视镜在爱迪生实验室向公众展示。这种改装型的机器内装一台电动机，可使 50 英尺长的胶卷从供人们观看的放大镜下通过。同年，爱迪生在美国又申请了活动电影放映机专利，但由于没有在国外也提出这一专利申请，以后就给他带来了很大麻烦。

电影机发明出来了，不过还有胶片的问题需要解决。这台装置可以容纳 50 英尺长的胶片，但当时的胶片没有这么长，因为第一台摄像机一次只能用几厘米长的胶片。爱迪生需要寻找一个能提供长条胶片的材料源。此时，伊斯曼·柯达公司的创始人、被尊为“摄影王”的乔治·伊斯曼（George Eastman）开始出售赛璐珞作的底片，以代替感光板，命名为“伊斯曼底片”。爱迪生抱着期望访问伊斯曼，就底片的构造与大小提出要求。最终爱迪生从伊斯曼那里拿到了令他满意的长卷胶片。

黑色玛丽亚

爱迪生的活动电影实验进行得非常顺利。开

始的时候，这架粗糙的机器只是拍摄一些诸如某某打喷嚏、某某的舞蹈，意大利琴师和猴子的游戏，或是一个人抽雪茄时的姿态等影像。即便是这样简单，这些影片也需要在摄影室中开 4 盏炫目的弧光灯才能拍摄完成。

后来爱迪生想到利用日光摄影会更节省成本。1893 年，爱迪生实验室的庭院里建起了世界上第一座电影“摄影棚”。这是一所长方形的建筑物，两边矮，中间高，顶部开有一个很大的天窗，打开时能使阳光照到演员身上。整个摄影棚可以在围成半圆形的铁轨上移动，以保证拍摄区域全天都有阳光照射。整座摄影棚是由木头和黑色防水纸搭成的，被称为“黑色玛丽亚”。

初期的影片大部分都是在“黑色玛丽亚”摄影棚内拍摄的，但偶尔也有在外面拍的。用第一架摄像机拍摄时，胶片是水平移动的。迪克逊经过改进，成功制作可使胶片垂直移动的第二架摄像机。它被用来拍摄美国第一部商业片《处决苏格兰玛丽女王》。片中有一个简单的特技摄影。在这部影片中使用了一个假人来代替扮演苏格兰玛丽女王的演员。当表演继续进行时，假人的头被刽子手砍掉，然后刽子手拾起假头向观众展示。这是第一部使用了特技摄影的影片。

“黑色玛丽亚”虽然简陋，其所拍摄的活动照片，动作单纯，如简单的舞蹈、动作不大的拳击等，但它吸引了形形色色的演员。著名的拳击手科尔贝特（James J. Corbett）被邀请到摄影机前来表演。对手是从纽约请来的一个黑人拳击家。比赛开始时，那黑人发现他的对手是鼎鼎有名的科尔贝特时，竟然恐惧得不敢和他交手。他全身发抖，勉强地在台上绕了一周后，就慌不择路地冲下台来，逃回纽约去了。后来爱迪生设法又另外找到了一个拳击者，才拍摄完成影片。

最初拍摄的内容虽然很平常，但人们非常感兴趣，尤其当这些照片放映到银幕时，人们更是拍手叫好。在 1893 年芝加哥的世界博览会上，活动电影放映机放出的这些影片，吸引了大批观众。

1894 年，爱迪生将他的“电影视镜”公之于世，这种视镜是爱迪生从街上一种名叫‘走马盘’的游戏机器得到启发而生产的。尽管这种电影还是无声电影，不过很多剧院已经意识到电影对观众的吸引力。4 月 14 日，纽约百老汇大街就开辟了第一家活动电影放映机影院。这家影院共有 10 台机器，影片是装在一个硕大的、两端相连的圆环上，它在一套滚轴上转动。通过机器顶端的窥视孔往里看就可以看到一部 5 分钟长的影片。为了看电影，参观者得买票，凭这张票可以看 5 个电影。只要向一个槽里塞一枚硬币，机器就开始放映。即便如此，在爱迪生展映那天，照样引起了轰动。“电影视镜”获得了成功。从 1894 年到 1900 年，爱迪生公司一共生产了大约 1000 台这种视镜，供美国各大城市的影院使用。

因为爱迪生拒绝将影片在大屏幕上播放，所以这种电影每次只能一个人看，相当原始。法国一对出租活动放映机的兄弟格雷·莱瑟姆和奥特韦·莱瑟姆却从中得到启发。兄弟俩试图尝试将影像投在银幕上。他们为此还向爱迪生求助，希望一起解决这一问题。没有想到的是，爱迪生再次表现出他的短视，他拒绝了兄弟两人的请求。

“维太放映机”

莱瑟姆兄弟并没有放弃他们的尝试，而是建起了自己的实验室。1895 年 4 月 21 日，莱瑟姆兄弟在纽约向记者们演示了他们研制成功的“望远显微两用镜”。这种机器既可以做放映机，又可以做摄影机。

莱瑟姆兄弟的放映机是从爱迪生手里购下的。得知这一消息的爱迪生对《纽约太阳报》说："如果他们把这台根据我的机器改装的机器展出，还称之为活动电影放映机，那我不加干涉，而且对莱瑟姆先生做出的任何改进，我都表示高兴。如果他们拿着这台机器在全国招摇过市，并给它起了新的名字，那就是骗局。不管是谁，只要他这样做，我就要起诉，因为很早以前，我就获得这种东西的专利权了。"① 不过因为他在一开始申请专利的时候忽略了在国外的专利保护，这自然就使得竞争对手有机可乘。

而由于竞争对手莱瑟姆兄弟的出现，爱迪生意识到了来自银幕电影的威胁，他立即投入了银幕电影机的生产。而此时电影制造业在竞争激烈中，各种设备不断推陈出新。这一年，一位名叫弗朗西斯·詹金斯的美国发明家在托马斯·阿马特的资助下造出了一台放映机，机器的演示和展出都相当成功。爱迪生的两个合伙人看到詹金斯—阿马特的放映机后，确信电影的未来就在于

---

①李云玲:《爱迪生的故事》,第 114 页。

向更多的观众放映影片，他们建议爱迪生与詹金斯合作。爱迪生本来并不想在自己的电影机中运用别人的发明，但是，为了尽快赢得这场争夺的胜利，最终爱迪生决定同詹金斯和阿马特联合生产放映机，他买下了使胶片制动和启动更为灵活的托马斯·阿马特的凸轮运动的专利，解决了投影中的一个重要问题。爱迪生快速推出的新放映机取名为“维太放映机”（Vita Scope）。1896 年 4 月 23 日，第一次用这种机器在纽约的科斯特—拜厄尔的音乐堂放映影片，受到公众极其热烈的欢迎。

第二天，《纽约时报》描述了首次映出电影的情景，它描绘着：“昨天晚上，音乐厅的灯光全部熄灭后，从角楼里传出了一阵阵嘈杂的机器声音，一道异常耀眼的光柱射到了幕布上。于是，大家看到两个金发妙龄演员，穿着花花绿绿的衣服，飞快地跳着雨伞舞。她们的动作是那样地清晰鲜明。当她们消失之后，出现了一片惊涛骇浪，向靠近石堤的沙滩冲击，使观众大吃一惊……接着，有一个瘦长的滑稽演员和一个矮胖的家伙，表演了一场滑稽的拳击比赛；之后，是一出寓言喜剧《门罗主义》和霍坦剧院的滑稽剧《乳白色的旗子》中的一个片断，重复了好多遍，最后以一个高大的金发女郎表演飞裙舞而告结束。这些镜头都异常逼真，因而特别使人兴高采烈。”①

这个新奇的发明再次吸引了大家的关注。人们简直把这次演出当成奇迹。爱迪生的助手迪克逊曾激动地说：“这是一个神妙的东西，是 19 世纪魔术的王冠和奇葩。”

电影的出现，丰富了人民的文化生活，也促进了文学艺术的发展。无论在技术史或者文艺史上，爱迪生的电影发明都是一件开创性的大事件。

不过需要补充的是，巴黎的卢米埃尔兄弟于 1895 年 12 月，英国的罗伯特·鲍尔于 1896 年 2 月就已开始在剧院放映电影了，这比维太放映机的展示分别早了 4 个月和 2 个月。正因为几乎在同一时期，好几个发明家都取得了这样或那样的成功，所以有人说：“要明确断定谁是这个领域中的第一位成功者却是难题。”

美国电影的发展

爱迪生在美国电影初期占有重要地位。不过这个重要地位并不是因为他早期的发明，甚至也

---

①李云玲：《爱迪生的故事》，第 115 页。

不是因为他机器的质量，实际上“是因为他通过一系列法律方面的活动，为其摄影机和放映机在美国取得了专利”。为了独占电影的发明权，爱迪生在1897年又掀起了“专利权的战争”，他聘请了许多律师起诉。

“战争”的结果是，爱迪生的竞争者一个接一个消失不见了。只有“比沃格拉夫”和“维太格拉夫”两家公司还能存在。前者专门拍摄新闻片，斯图亚特·勃拉克顿创办的“维太格拉夫”公司则是以拍摄两部成功的故事片而开始制片工作的。这两部故事片一部名叫《屋顶上的窃贼》，另一部是在美西战争刚开始时拍摄的爱国影片《扯下西班牙旗》。不过爱迪生的控诉却使这家本来就缺乏资本的公司出品大大减少。1898年以后，美国的故事片只有爱迪生公司摄制的一些影片和“比沃格拉夫”公司为自己的电影机摄制的短片。

爱迪生的专利权战争虽然规范了当时的电影业，但也导致了一个不良后果：由于缺乏竞争，公司制作出来的影片在质量上一直很差。

到了1900年，投影大受公众的欢迎。在美国大多数城市中，任何有空地的地方都建起了小电影院。观众总希望能看到新的电影，因此，需要不断增加影片数量。长期垄断影片生产的爱迪生，曾大量复制欧洲竞争者的一些作品。但是版权法禁止这种复制以后，公司就不得不考虑提高影片质量。

好在欧洲和美国的革新者们发现电影在叙事方面具有巨大潜力，否则它有可能成为昙花一现的流行物。爱迪生手下的制片人埃德温·波特，正是这样的一位革新者，他下决心使爱迪生公司为电影的艺术发展做出重大贡献。1903 年，他拍摄了一部名为《一个美国消防队员》的影片。影片讲述消防队员接到火警后，策马急驰，奔向出事街道的一些镜头。他还增加几个消防队员从燃烧的房屋中救出被困母子的场景来渲染故事。尽管这部片子很粗糙，甚至被称为“幼稚的拙劣作品”，叙事方式也很原始，但因为有一点故事情节，观众非常欢迎。

在 1903 年，波特还制作了美国第一部连贯的故事片《火车大劫案》。这是一部美国西部片。波特一人既是编剧、导演，又是摄影师。影片讲述匪徒抢劫了火车，被发现后被一队追捕他们的人击毙。这部电影一部分在摄影场，一部分在新泽西州的松树林中拍摄，演员都是业余的，从来没有骑过马。影片中的枪战和激动人心的追逐场面使观众毛骨悚然。这部影片有激烈的动作，很逼真，还成功地运用了剪辑技术——也就是现在我们称之为平行动作和交叉剪接的技术。这部 8 分钟的影片十分受欢迎，引起了很大的轰动，成了全国纷纷出现的“五分钟影院”标准的开幕节目。影片对其他导演也产生了很大的影响，他们纷起效仿，开始拍别的“西部片”。

不过，有人指责这些影片不道德，对孩子产生了很坏的影响。所以，1907 年，纽约市内所有的“五分钟影院”曾一度被关闭，电影审查制度从此开始实行。

爱迪生见电影业有利可图，决心不让别的公司染指。直到 1907 年 10 月，在芝加哥连未侵犯爱迪生专利权的影片实际上也被禁止上映。他最终取得了基本的专利，并迫使一些竞争者与其联合组成一家垄断的托拉斯公司，新公司取名电影专利公司，以此来控制电影在美国的生产和发行。为了垄断电影放映市场，爱迪生的专利公司雇用侦探企图抓住别的制片人并把他们送上法庭。因此，有些摄影师在拍摄影片过程中，为了避免被爱迪生的侦探逮住，不得不收起摄影机逃跑。

当然，那些影片发行商人也很不满，他们不愿付专利公司索取的租金，其中一些人决定自己生产影片。他们中的一些人后来成了早期好莱坞制片厂的老板。

爱迪生“托拉斯”的企业联合组织，实际上是给美国电影界加上了一个严格的控制，参加的制片商每洗印一英尺的拷贝须缴付半分钱给托拉斯；发行商每年须交纳 5000 美元的执照费；每个放映商每星期要交付 5 美元。这些收入给托拉斯每年带来了将近 100 万美元的利益。此时处于美国电影的初兴时期。在 1905 年年初，美国只有 10 家电影院，但到 1909 年底，电影院已增加到近 1 万家。可见，爱迪生从中获利颇丰。

爱迪生利用这些资金继续研究着声音与画面结合的问题。他试图把留声机和放映机结合在一起，尽管他在西奥兰治乡村俱乐部为邻居们成功演示过一次，但最终“有声电影”的研究还是失败了。之后爱迪生又做过其他的实验。比如使用字幕。他和助手们常常使用跑表在不同类型的观众中实验字幕效果，以确定出一种合适的字幕延续时间，使人们都能看清字幕的内容。但最后发现，这样会导致许多人得不出连贯的印象。直到 1912 年，爱迪生才创造出有声活动电影，把留声机和活动电影合而为一。他说，“我早就想把声和像合在一起，已经想了30多年，现在算是大功告成了。”

当然，直至1927年10月23日，华纳兄弟电影公司才第一次拍摄成功了有声响、对白、音乐和歌唱的有声电影《爵士歌手》。“这是电影第一次开口向观众讲话，它宣布了默片时代的结束，为电影有声时代拉开了大幕。”不过人们还是难以忘怀爱迪生提出的“会说话的电影”的美好梦想。

爱迪生为电影的兴起和发展奠定了重要的、不可缺少的基础。他的助手威廉·迪克逊为建立美国电影工业所做的一切，也值得给予应有的评价。正如美国著名电影导演、电影史学家兼评论家刘易斯·雅各布斯所说：“电影，在实验室里诞生，被组合起来作为一种表达工具，用来作为广大群众的娱乐，又是在科学家、艺术家和实业家合作之下才获得发展的。各个方面的人们对电影的兴起，形成它的特色和加强它的效果，都做出了贡献。”①

①李云玲：《爱迪生的故事》，第122页。

第十章
“无法可想的事是没有的”

对于爱迪生来说，无法可想的事是没有的。所以在其后半生，爱迪生开始涉猎不同的行业，做起野心勃勃的实业家。

经营采矿业

铁是一切工业的基础。造船、建大楼，还有铁桥和机械等，铁的用途可说数不尽，随着文明的进步，铁的需要量也日益增多。

其实爱迪生早在 1880 年就已经开始涉猎这一行业。在为电车的发明做准备的时候，他听说长岛有很好的铁砂层，就带了几位同事进行调查旅行。当看到绵延数十公里的海岸到处都是铁砂，爱迪生不仅感慨“这么多的铁砂，弃置不用未免太可惜！用磁力来分砂和铁，可能得到几十万吨的铁呢。”之后他就开始思索着建立这种企业的可能性。

在美国东海岸的炼钢业中，一直缺乏高品质铁矿石。爱迪生就思考能否将矿石粉碎并通过磁铁把矿粉和杂质分开呢？1880 年，他提出了一份磁铁检矿机专利。不过在实验中，每次实验都因为机械装置的限制而失败。而他之后在长岛南岸建起的实验工厂，第一次因为飓风来袭，工厂被毁；第二次生产出的矿石，达不到质量要求。爱迪生不得不暂时死心。

公司合并以后的爱迪生，获得了大规模研究的时间和资金，他决定重返这一领域。由于美国需要大量的铁，爱迪生决定进行铁矿的经营。经过实地考察，在新泽西州北部塞塞克斯郡发现了一座很有希望的铁矿山。

爱迪生花钱买下了这块无人居住的森林，建起一个新型的矿村。在这片 3000 英亩的地皮下，储存着 2 亿吨低品位铁矿石；在另外一块 1.6 万英亩的地皮下，有 10 亿吨低品位铁矿石。爱迪生乐观地估计，“不出七八年，我就可以每年生产价值 1000－1200 万美元的矿石，每年净赚 300 万美元。”

他在那里设了一个总厂，并开始招兵买马。起初，工人们因为矿地的膳宿设备很简陋，都不愿留下工作。为此，爱迪生亲自动手设计了一所小屋的图样，50 幢房屋在很短的时间里便建成了。于是他们便在纽约各报纸上登载广告，招收工人，并且描绘那里住所的舒适情况。很快就有 650 多人前来应征。他们在那边组成了一个新的市镇，取名“爱迪生镇”。

1891 年，爱迪生发明了“爱迪生选矿机”，开始自行经营采矿事业。买进矿山的他，不用其他矿山所用的选矿法，而是打算采用新的选矿法。粉碎巨石也采用机械化运作。他认为粉碎巨石最初应由机器完成，并在其他各道工序中使用传送带。

爱迪生的选矿法，是在铁矿的腹部开一个 70 米的横洞，装置炸药，一次就可爆出 35 万吨的铁矿。他挑选了两组工人，每组 5 人，负责每天炸裂矿石。如何将这些铁矿石粉碎呢？爱迪生设计的机器心脏部位就是几只巨型压辊。压轴上带有凸凹齿，以每小时 60 英里的速度飞快旋转。6 吨重的大矿石被送进压辊，立刻就碎成人头大小的石块，接着由传送带传到下一组继续粉碎。这样，经几道碾压，矿石就变成了粉末，然后通过480块磁石进行选择，每经一道工序，矿粉就得到一次精选。

为了更有效地经营采矿事业，爱迪生还建造了储存矿石的仓库，新泽西铁路的支线延长到爱迪生矿山下，终点站就叫“爱迪生站”。

爱迪生还建造了一座独立的矿粉加工厂，以每秒钟一块的速度生产矿粉砖。所有这些工作，爱迪生都是亲临现场指导，有时甚至不顾个人安危，以至于曾经两次险遭不测。其中一次，据爱迪生回忆说：“正当我站在机器旁进行实验时，一只垫圈断了，弹簧把铁棒嗖地弹到了天花板上，又从离我鼻子一英寸的地方落在工作台上，穿透了两英寸厚的木板。正像人们说的，‘差一寸就丧了命’。”

爱迪生采用新的选矿法，不仅铁矿质量比用那种旧式机械生产的要好，而且比原来磁铁矿的售价低了许多。钢铁公司对此看得很清楚。所以开始营业的第一天，钢铁公司就订了1万吨，并且持续不断地订货。爱迪生的铁矿经营以1889年为最好。每天所产矿砂可装20吨的货车75辆，并运送到炼铁厂。对此，爱迪生很开心。

一切看起来都很美好。不过 1890 年，情况开始发生改变。从技术上来说，爱迪生的粉矿厂显然是成功的。但是，在另一个州发现了很大的铁矿，铁矿不仅品质高，分布广，而且可以用成本更为低廉的露天采掘方式开发，这样就导致铁矿石的价格立刻下降了 30%。爱迪生不得不以每吨 4 美元的价格出售矿砖，进行亏本生产。为此爱迪生蒙受了巨大的财务灾难。

最终，爱迪生不得不停止矿产经营。经过八年的努力和 200 万美元的投资，终究敌不过经济形势的发展。

51 岁的爱迪生不但耗尽了全部财产，而且还负了很多的债。这也使得那些不怀好意的报社记者在一旁看笑话。爱迪生却很淡定地对助手说："我又学到了一门学问，而且对社会曾经有过贡献，没有什么好后悔的。至于债，用工作来偿还好了。"

涉足水泥制造业

矿山事业的失败，几乎将他推入深渊。但是爱迪生毅然从深渊中爬起来，像年轻人一样，凭着热情勇往直前。他很快调整进攻方向，再度雄心勃勃涉足水泥业。

现代水泥的发明有一个渐进的过程，并不是一蹴而就的（因为篇幅原因，本章不做展开）。在爱迪生接触水泥制造业的时候，当时普遍使用的水泥是由英国石匠亚斯普丁（Joseph Aspdin，1779—1855）在1824年发明的。水泥的形状颜色非常像英国波特兰产的石灰石，所以被称为“波特兰水泥”。与此同时，随着工业化的发展，美国对水泥的需求量越来越大。爱迪生看到这一行业的发展潜力，又从碾矿业中获得许多关于碾石的经验，便打算进入水泥业。

1898年，他在西奥兰治以西45英里处的森林发现了水泥石，爱迪生立即购买下了800英亩储有水泥石的土地。爱迪生如饥似渴地阅读水泥制造法的书籍，并多方收集有关资料。接着，进行绘图设计。经过24小时不眠不休地赶工，爱迪生绘制出新水泥厂的图样，这份设计十分周全，直到今天还保留着。要碾碎作为水泥原料的石灰岩，那些曾经用于开采铁矿、辗碎矿石的机器，也马上被派上了用场。这样在1902年，爱迪生的工厂已开始生产水泥。与其他水泥厂相比，爱迪生的水泥厂的最大特点就像他的采矿厂一样，全面采用机械动力装置。到了 1905 年，它已成为全美第 5 大的水泥厂，日出产 3000 桶。爱迪生认定水泥制造业大有希望，便成立了“爱迪生 · 波特兰水泥公司”。1924 年，日出产至 7500 桶。

爱迪生水泥工厂之所以能日新月异，就在于他进入这一行业后，打破常规。他制成了原料机、加细碾机，设计了长窑。尤其是长窑的设计使得水泥的日产值剧增。

起初他用了一个木制的模型，进行反复的实验。实验结果证明产量较普通的窑多了一倍。爱迪生并不满足，他对工厂经理马洛利说，“不行，再想办法。”他认为还有提升的空间。后来，经过不断改良，水泥的产值逐渐增到 550 桶，又增到 650 桶。爱迪生还在不断督促马洛利，他提出的目标是“长窑在 24 小时内一定能制造出 1000 桶的水泥来。”

马利洛苦思冥想实在想不到进一步改进的办法，只能向老板爱迪生讨教方法。最终经过爱迪生建议后改良的长窑，在 24 小时内竟能制造出 1100 桶。

这么高的日产量，使得不少人对长窑产生怀疑，同业中也有人嘲笑这种制造方法。他们纷纷预言这方法马上就会失败，长窑肯定会发生弯曲。不过事实证明，他们是错误的。不到几年，美国全国出产的波特兰水泥一半以上是用爱迪生式的长窑制造的。

水泥公司的利润很大，爱迪生开采铁矿所负下的债，不到 3 年全部还清了。

有人对爱迪生建造规模如此之大的水泥厂有点不理解。爱迪生对此答道：“马车终将被未来的电车或汽车所代替，土路已经完全不适应新美国的发展步伐。水泥正是重新建造马路的不可缺少之物。”在这一行业上，爱迪生表现出他的深谋远虑。

之后爱迪生又开始研究铺路和为民众建设价格低廉的水泥房屋。不过这两个项目结果都不太理想。

他铺设的第一条一英里长的水泥路仅使用了一年，其后铺设的路也不理想。爱迪生发现问题出在路基的黏土硬度上。此后，在其他地方铺设的几英里水泥路一直使用到 1950 年以后。

爱迪生建造水泥房屋是采用先造好房屋架构，安装铁筋，然后灌注水泥的方法。照他所想的办法，实际做起来，灌注水泥只要 6 个小时就可以作好，一幢漂亮的房子，在短期内就能完成，而且成本低廉。1908 年 8 月，爱迪生还为此提出了这种房屋的专利。不过依照爱迪生的方法建造的房屋式样会大同小异，千篇一律，而人们要住的房子，各有各的习惯和爱好。大家对此不太感兴趣。

这样，爱迪生遭到了某些刊物的取笑。伦敦有一家专以讽刺为职业的杂志《笨伯》幸灾乐祸地说，爱迪生的宣告虽然能把建筑业吓瘫痪了，但却将其他领域刺激了起来。

对于类似的讥讽嘲笑，爱迪生倒并不以为然。为了能适应人们的多样化要求，爱迪生还计划建造“一种弗兰西斯一世风格的建筑”，这种建筑雕花绮丽豪华，如果采用石头建筑，造价非常高，但如果用水泥建造，会减少 3/4 的建筑费用。内部的装饰则可以漆成主人喜欢的颜色。不过遗憾的是，这种房屋还是没能在公众中推广。

“爱迪生式的建筑法”在当时没有得到认可，但它还是造成一次建筑界的革命。此后各处的大楼、工厂等大建筑，纷纷采用这种方法。而我们知道，现代社会，为了降低建筑成本，更是普遍采用这一建筑方法。

新式蓄电池的研制

爱迪生一边从事水泥的制造，一边还在从事新蓄电池的研制。

在爱迪生漫长的发明生涯中，最让他煞费苦心的就是“电池的发明”。他整整花费了10年的光阴，耗费300万美元巨资，实验的次数更高达5万次之多。

19世纪末，电力已经普遍用于工业，电动机和电气制造业发展成为美国新兴的重要工业。用电，自然需要有电源。当时电力来源主要来自两方面：一是发电机。它具有取之不尽、用之不竭的威力。当时美国许多大城市建筑了大发电厂，供给工业、电车和电灯照明所需要的电力，美中不足的是它体大身重，无法携带。二是蓄电池。小巧玲珑，甚为轻便，遗憾的是，当时的蓄电池不能用很长时间。

蓄电池，最早由法国人勃兰特发明，不过因为性能不好，并没有实际用处。直到1880年，法国人福勒发明新的蓄电池，即“铅蓄电池”，很快被用作电灯的电源。但这种蓄电池的缺点很明显：第一，铅本身就很重。第二，蓄电量太少。

爱迪生决心试制一种新蓄电池。他设想新的电池体积小，便于装在旅行袋里携带；重量轻，一只手便可举起；成本低，每个人都买得起；电力强，能持续供电。

1900年初，爱迪生开始着手于蓄电池的研究。“就像猎人在广大的原始森林里，找一只小小的金鸟。”这是爱迪生自己形容当时的心情所讲的一句话。

爱迪生首先就排除了铅，然后对各种金属和药品都进行实验，但是实验失败了。对此，有些工作人员开始信心动摇，他们私下说：“这上万次的失败，更证明别人的看法没有错：要制造蓄电池，不用铅是不可能的。”

这话传到爱迪生耳朵里之后，他反倒笑着说：“我不信大自然会这样吝啬，会把制造好电池的秘密扣留住。只要我们埋头挖掘，百折不挠，迟早总能发现的。”他决心加倍努力。

爱迪生又开始了以往魔鬼式的工作方式。他把工作人员分成日夜两班，轮流干活，轮流休息。他自己还是老习惯，一天到晚，通宵达旦，坚持在工作岗位上。工作已经进展了5个月，实验了9000多次，却依然毫无结果。一次，朋友来探望他，发现他坐在一张宽 3 英尺，长 12 至 15 英尺的工作台前，台上摆着由他的化学家和实验员们制作的数百种电池。他正在实验每只电池的性能。朋友惋惜地对他说："你已经作过这么多次实验，却没有结果，费去这么多的时间和精力，你不觉得后悔吗？"爱迪生说："为什么后悔呢？朋友，我至少知道了 9000 种不能使蓄电池工作的东西了。"正是凭着他固有的天才、勤奋和执着，爱迪生一步一步接近成功。

1902 年夏，他进行了一次使用新式电池运行电车的实验，行程为 5000 英里，每充一次电，可走 100 英里。实验结束后，他满怀信心地宣布电车将有远大的前途。

1903 年，爱迪生又接连对蓄电池进行反复实验；把蓄电池放在屋顶上抛掷，看它是否破裂；装在行驶在崎岖不平的山路上的汽车上实验。这样的实验持续了几个月，爱迪生以为他成功了。1904 年，爱迪生开始投产并出售新型电池。

由于爱迪生的广泛宣传，人们很快购买了装有真正的蓄电池的电车。但是，不久电池就出现了实验中没有显现出来的问题：车辆行驶中，电池会破裂；许多电池出现了电力衰减情况。

意识到问题严重性的他立刻下令停止制造电池，并把钱退给买电池的人，而他自己又重新开始了漫长的实验。

电池突然停止供应，很多用户买不到货，询问商店，商店也莫名其妙。有些人就直接写信问爱迪生，爱迪生也郑重其事地写了回信，向他们说明情况。

底特律几家大工厂还派了一个代表，当面请求爱迪生恢复电池供应。面对他的请求，爱迪生很坦率地答道：“我之所以要停止生产，是因为这种电池连我自己也不满意。集中全力，克服漏电缺点的工作，马上就要开始。至于什么时候恢复供应，要看缺点什么时候克服。”

他又从头做起，不分昼夜，不问寒暑地反复实验，寻找电池的问题所在。到 1905 年夏天，他的实验记录簿上的新数字已经是 10296 次。

两年的时间又过去了，成功的希望看起来仍然很渺茫。有工作人员旧话重提，私下嘀咕道：“要解决不用铅制造电池的问题，恐怕是无法可想的了。”听到这话的爱迪生这次冷笑一声，说：“任何问题，都有解决的办法，无法可想的事是没有的。要是你果真弄到了无法可想的地步，那也只能怨自己是笨蛋，是懒汉。”

“无法可想的事是没有的”，这种顽强精神使得爱迪生信心百倍地坚持到底。

最终，爱迪生发现镍是比较理想的材料。不过爱迪生需要解决许多极其复杂的技术问题，才完成镍片的制作。这种镍片只有两万五千分之一英寸厚。在爱迪生看来，薄度是电池成功的关键。

着手研究的第 10 个年头，即 1909 年，爱迪生终于制成了一种相当理想的镍铁电池。到 1910 年，就投入了大规模生产。这种蓄电池的性能出乎意料的好。很快镍铁蓄电池出现在电车、无线电广播、火车、轮船等各个领域，甚至还应用在军事潜艇上。这是爱迪生在实验之初未曾预料到的。

即便到今天，人们还在使用爱迪生发明的这种蓄电池。“如果爱迪生的一生只发明了蓄电池，那么他也不仅是一个值得注意的发明家，而且是一个伟大的人。”爱迪生的一位朋友的评价非常中肯。

对直升机的尝试

在 1880 年，一位名叫戈登·贝内特的报社社长在访问爱迪生时说：“爱迪生先生，你是魔术师，不过要发明一种让人飞上天空的东西目前还做不到吧？”

“这倒未必，只是我太忙了，抽不出时间来研究。像鸟儿一样在天空飞翔，自古以来就是人类的梦想。400 年前，意大利的达·芬奇就画过这样一张设计图，设计很像鸟的翅膀。我少年时代在图书馆看到过。”

“后来还有人对此研究过吗？”

“俄国人罗摩洛索夫研究过，英国也有一位学者就飞行理论写过论文。”

……

“不久的将来，人类一定会像鸟儿那样自由地飞翔在天空。”

尽管爱迪生没有多少空余时间，但在与贝内特分手后，他还是按捺不住地画出了一份设计图。设计图和今天的直升机基本类似：采用两片螺旋桨，飞行动力是借助引爆火药产生的反动力，推动桨片快速转动。

设计图交给机械工厂后，直升机很快做好了。不幸的是，在研究所广场实验过程中，引爆火药时突然发生爆炸，整个机体也被毁坏。幸运的是，机体破片虽然从爱迪生身边擦身而过，但并未造成伤害。不过爱迪生的同事们觉得太危险，纷纷劝他中止研究。今天稍微对航空航天有点常识的人都知道，我们这个时代最进步的喷射机，利用的正是爱迪生当时采用的火药推进原理！

1885年，贝内特拿出1000美元，希望爱迪生能对飞行运输做点研究。爱迪生考虑到危险性拒绝了。

4年之后，他还对一位巴黎记者说："那些试图依靠气袋飞行的糊涂蛋们纯属浪费时间，可以肯定，这条路子行不通。必须设想飞机比空气重，然后让其腾空。不过寻找到这种腾空的方法并不容易。或许我将来会发现它。"

他的这一设想是正确的。美国的莱特兄弟（Wilbur Wright 1867－1912；Orville Wright，1871－1948）在1903年实践了这一设想，这是在爱迪生失败的23年后。

爱迪生听到莱特兄弟的成功试飞很欣喜，他充分认识到这一成功的重大意义。在1908年，他还对这一领域的未来做出展望："不出5年，飞船就能载着乘客飞越大洋。我估计，这么远的行程，18 个小时就能飞达目的地。即便到北极，40 个小时也足够了。飞行速度的优势会让飞船很快商业化、市场化。”不到一年，他又对采访的记者说，“10 年之内，人们就能用飞船运送邮件、载人，飞行速度至少达到每小时 100 英里。”

爱迪生的这些展望，有点乐观，不过却很准确地预见了飞行事业的快速发展。人类实现了像鸟儿一样在天空飞翔的梦想，现在甚至能在太空遨游，这自然要感谢那些像爱迪生一样献身科学的发明达人和科学家们。

为祖国而战的科学家

爱迪生在他的新型蓄电池终于有了完美的商业基础时，已经是 60 出头的人了。到 1914 年，爱迪生仍在辛勤地工作，一个人做两个人的事。

1914 年夏，第一次世界大战首先在欧洲爆发了。交战的一方为同盟国的德国和奥匈帝国，另一方为协约国的英国、法国和俄国。意大利考虑到利害关系，加入协约国方面作战。

战争对爱迪生最直接的影响是，他很多工厂的原料因为从欧洲进口而受到限制。尤其是他的唱片生产必需的一种石碳酸原料更是紧缺，如果继续下去，唱片公司就不得不停产。爱迪生颇不服气，他立刻动手把生产蓄电池用的镍工厂一部分改造为石碳酸制造工厂。那时大家只知道石碳酸是从石炭提炼出来的焦油，再进行蒸馏制成，谁也不明白详细的方法和设备。爱迪生仔细研究了五六种生产合成石碳酸的方法，最后将其选择范围缩小到两种，又亲自将两种方法拿到实验室实验，结果选定了硫酸工艺。但是当他询问化学剂制造商是否愿意建造石碳酸厂时，大多数厂商表示最快 6 个月内供货，慢则 9 个月。

为了争取时间，爱迪生决定自己亲自动手。他聘请了 40 名化学家和绘图员，把这些人分成三组，每组工作 8 小时，而他自己则吃住在实验室。终于功夫不负有心人，爱迪生新建的石碳酸生产厂投产了，他用了 20 天的时间就生产了 700 磅石碳酸。接着产量迅猛上升，不久就超过了爱迪生唱片厂的需要，剩余产品被销到其他厂家。

大战爆发 5 个月后，12 月 9 日，爱迪生的工厂发生火灾，有 6 座大楼被烧毁。另外 7 座大楼里的仪器、原料都被烧为灰烬。大火后来在消防队的奋勇扑救中熄灭。面对着眼前的残垣败瓦，爱迪生很淡定地对他的财务总管说：“它已经是过去式了，我们需要建筑一个比以前更大更好的！”火灾后的36小时中，爱迪生就已经亲自设计并告诉助手们要建筑一座能防火的新工厂。这需要何等的胸怀呀！

此时，大战如火如荼地蔓延开来，美国是否应参战，成为大众普遍关心的问题。爱迪生不希望发生战争，也不主张美国卷入欧洲战争。他相信：美国只要拥有合适的武装，就不担心受到攻击。

1915年，5月30日，爱迪生接受《纽约时报》记者的采访，报纸发表了三个整版的爱迪生对战争的看法。在这篇报道中，爱迪生既不赞成建立大规模的常备陆军，也不主张建立大规模的常备海军，但主张应有足够的防卫武器，这样战争爆发后再投入行动也不晚。他还建议，美国必须建立一所由海军、陆军、政府三方控制下的科研机构。

作为一位知名的发明家，爱迪生的建议立即得到了政府、海军方面的高度重视。7月7日，海军部部长丹尼尔斯（Josephus Daniels）致信爱迪生，邀请他加盟海军。

对于海军部长的邀请，爱迪生答应了，因为

他希望能用自己的科学发明服务自己的祖国。

爱迪生对现代战争有自己的看法。对于当时大战中已经使用的毒气、火焰喷射等可怕的现代武器，他说："这些东西用于防卫是无可指责的，但不能用来对别人发起进攻。一个人在保护自己时，有权抓、挠、咬、踢，但是，当他处于攻击他人的地位时，就没有这种权力了。"①

正是因为持着这种观点，爱迪生为海军部设计发明的武器都是防御性的而不是进攻型的。

1916 年 5 月 13 日，纽约举行国民备战大示威。据预先布置，爱迪生将加入游行。反对党投书恐吓，说要置爱迪生于死地。爱迪生不顾恐吓，仍然参加了这次大游行。

1917 年 1 月，美国参战的三个月之前，爱迪生停止正在进行的其他实验工作，把自己的事务全部托付给了自己的助手们，专心致力于海军防务。他在工厂里开辟了一座实验室，专为政府搞发明。实验室雇用了 50 名有经验的机械师，制作应用仪器。研究团队中还包括各大学所派的青年

①[美]弗朗西斯·特里维廉·米勒:《人类惠师爱迪生》，第 193 页。

工程师及其他自愿前来的专家。

1917 年 2 月，为了将英国困死，德国实施无限制的潜水艇战，对所有在战争区域出现的中立国船只均进行攻击。美国的几艘商船被鱼雷击沉。4 月 6 日，美国终于加入协约国向德国宣战。

美国参战后，爱迪生意识到责任的巨大，他马上打电话给普林斯顿大学校长，请他派 4 位物理学家来协助解决研究工作中遇到的问题。爱迪生和他新的伙伴们又开始昼夜工作。在他为海军服务的这两年中，进行了几千个实验，这些实验主要研究：保护商船逃出潜水艇的战略计策；船上的通讯方法；用网阻挡鱼雷的计划；如何使敌方潜水艇和潜望镜失效；用潜水艇海浮巡逻海岸；侦察敌人飞艇的方法；在水雷封锁的海港内如何保护商船；如何在行驶的船只上以声音侦察敌方潜水艇；以声音定位敌方炮位的方法等等。

爱迪生领导下的海军顾问局成了名副其实的“发明部”，这其中有很多奇思妙想。我们不妨以“潜水艇探听器”为例来看一下。

潜艇预报装置的设计一直占据着爱迪生的思想。早在欧洲战争爆发之前，美国海军就在寻求一种更灵敏的扩音器，充当探测潜艇的装置。一般应用的炭粒式扩音器电阻太大，爱迪生计划用金属粒取代。然而，金属粒又不够灵敏，因此，他找到了一种巧妙的制作较轻金属粒的方法。首先，他搞来一批猪鬃。在猪鬃上镀上各种不同的金属。镀过金属的猪鬃被切成1%英寸长，置于苛性钾溶液，将猪鬃蚀去，最后只剩下一个小金属圈。这些小金属圈微粒便在实验扩大器中代替了炭粒。有了这项装备，美国海运的损失大为减少。

在这两年中，他的实验发明所取得的成绩，仅向华盛顿当局报告专利的，就有39种之多。

这些工作基本都是爱迪生本人完成的，或是在自己的实验室，或是在海军基地，由官方派海军人员协助。大战结束后，爱迪生是唯一获得海军部“特殊勋章”的平民。

不过，遗憾的是，他的发明海军基本都没有采用，而是闲置了起来。对此，一种说法比较客观。海军部只是想借用爱迪生的威望使公众相信政府。爱迪生后来也发现了这点，但他没有时间来抱怨，对他来说，发明只是他的生活组成部分，而非最后目的。发明以后的事，他往往扔到一边不顾。

1918年11月，大战结束，爱迪生卸去海军顾问的职务，重返研究所工作。

这时，爱迪生71岁，精神矍铄。他自豪地说："我的祖父、父亲都活到90岁以上，我到90岁，还有20年，从事于新的发明，有的是时间。"

爱迪生考题

战后，爱迪生更成为美国声名显赫的人物。1918年1月24日，由爱迪生的几位同事创造的"爱迪生先驱会"，就足以表达了全美对爱迪生的景仰之情。

晚年后的爱迪生工作之余，常常利用空闲外出旅行，野外露营。这种旅行，常有亨利·福特①、哈维·费尔斯通②参加，有时沃伦·哈丁（Warren Harding）总统也会来凑兴。这几个人物都是神级别的大人物，自然走到哪里就成为哪里

①亨利·福特，Henry Ford，1863—1947年，美国汽车大王，汽车工程师与企业家，世界最大的汽车企业之一福特汽车公司的建立者。

②哈维·塞缪尔·费尔斯通，Harvery Samuel Firestone，1868—1938年，美国橡胶和轮胎制造商。橡胶大王。1906年成为福特汽车公司的主要轮胎供应商，与亨利·福特是至交。

的聚焦点。其中最典型的一例，就是爱迪生在一个偏僻的村落遇上一位小姑娘。当爱迪生问她是否认识他时，她回答说："你是留声机先生。"

1924 年，他们的最后一次旅行。费尔斯通抱怨道："活见鬼，这哪是什么旅行，差不多变成巡回演出的马戏团了。"福特的副官查尔斯·索伦森说："成群的记者、成排的摄影师为这 4 位名人采撷生物标本的活动写报道、拍镜头。这种寻求寂静的郊游，简直变成了好莱坞的首场演出。当然，福特喜欢宣传。"

除了花少量时间旅行外，爱迪生仍勤奋地工作着。他已年过七旬，人们说服他缩减工作量以后，每天仍干 16 个小时。他还牢牢地控制着西奥兰治唱片机工业和其他工业。有时，采访者会贸然问到他准备何时退休，爱迪生的回答有两种方式，其一是"葬礼之前。"其二是："当医生搬来氧气瓶的时候。"当有人问他打算如何度过晚年时，他很不高兴地说："不应该想到这些。我现在精力还相当充沛，应该继续勤奋工作才对。"

他不但这样说，也是这样做的。在晚年，他仍然保持着发明家的精神。有一次，爱迪生说："好像最近的学校教育都在造就一种模式的人，不能让孩子们的智慧得到充分发展。倒不如养成青少年自己的思考能力，否则的话，将来要想有什么大发展是没有什么希望的。”

他的老朋友福特在一旁附和道：“我赞成你的看法。你觉得需要怎样的教育?”

“我的研究所，每年都有许多青年想来就职。我提出种种问题来考他们，问题中很多都和发明与工业毫无关系。这些应征青年，有的显出颇不以为然的样子，认为我问的超出范围之外，那样的青年我就不用。我提出许多题外问题的目的是想看看这位青年，在精神上是否健全，是否具备在我研究所工作的性格……我也常常想，美国今后必将有更大的发展，我们需要培养优秀的后继人才。美国青年中一定有不少优秀的，但是否有发掘这些优秀青年的方法呢?如果能发掘这样的优秀青年，我愿提供就读大学的奖学金。”

爱迪生工作有一个特点，这就是说干就干，不仅要干，而且要努力干好。爱迪生马上将这一想法付诸实行。

第一次考试，办法是从各州选出一名优秀青年，再加上欧洲地区代表 49 人齐集爱迪生的研究所内接受最后考试。考试审查委员会由亨利·福特、乔治·伊士曼、麻省理工学院院长史特兰特博士、横渡大西洋的飞行冒险家林白以及另一位学院院长柏利5人组成。

考试试题一共有57道题，试题类型共分物理学、化学、数学、常识四种。前三种试题由专门学者出题，常识这一类则由爱迪生本人出题。他认为这一类试题目的是考核考生对社会贡献的想法，所以题目是开放式的，涉及每个人的切身大事，问题出人意料，却能引起人们的兴趣和思考。比如：(1) 假如你有百万遗产，你会怎么支配？(2) 幸福、爱情、名誉、金钱，你最愿意为哪个而奋斗终生？(3) 当你回顾自己的一生时，你觉得什么最能说明你是成功还是失败？(4) 在什么情况下，你觉得可以说谎？

就像现在的高考试题一样，考试结束后，爱迪生试题很快在全美各大报上登出，大家纷纷跃跃欲试，连爱因斯坦[①]都颇有兴致地小试牛刀。

① 阿尔伯特·爱因斯坦，Albert Einstein，1879－1955 犹太裔物理学家。爱因斯坦提出光子假设，成功解释了光电效应，因此获得1921年诺贝尔物理奖，同年，创立狭义相对论。1915年创立广义相对论。爱因斯坦为核能开发奠定了理论基础，被美国《时代周刊》评选为“世纪伟人”。

不过，据说，他在看过化学试题后连连摇头，“太难了，让我去考，恐怕都考不及格。”这话立马被敏锐的记者们刊登在报纸上，读者们看到此处也不由得会心一笑。

的确，像爱迪生提出的这些问题，都可以说是人生的切身大事。考试结束后，拿到最高分 92 分的，竟是一位 16 岁少年，另外还有 3 位少年及格。爱迪生拨给这 4 位少年，就读 4 年大学的奖学金。

爱迪生还为申请在他的公司工作的人拟定考题。考题受到了赞扬，也招致了谴责。考卷共 150 道题，这些考题有一个特点，就是都与工作内容毫不相干。《科学美国人》记者对爱迪生进行了连续采访。爱迪生对此的解释是，除了考试，用其他方法录用的经理人员很难称职。

爱迪生的测验内容大都是一般常识。那些涉及技术数据和化学方程式的问题，只要读过课本的人，都可以答出。有些题是数学游戏。有些题的内容是要求答出某文章的作者、某现象的发现人。另一些问题要求做出判断。

通过考试，爱迪生得出了两个结论：其一，人们的教育水平与职业要求相差甚远。在首次测验的 718 名考生中，只有 57 人达到了 70 分的成绩。后来又减为 40 个，算是“中等”。80 分左右的只有 32 个。第二个结论是，事实证明这种考试确有成效。他所雇用的那些成绩好的人以后都成了出色的经理，而未通过考试雇用的人，都不能胜任经理之职。爱迪生说，他们的成绩是“最最劣等的”。

未完成的事业——橡胶

晚年时，爱迪生还是像以前那样不断接待来访的记者，还是严格地保持着自己在西奥兰治的工作习惯。他每天 8 时吃早点，半杯葡萄酒，一杯咖啡，一块烤面包。用完早餐，他便驱车去实验室，阅读某项工程的负责人员写来的报告，然后处理自己手头的研究工作，一般要熬到很晚才回家，在天黑以前驱车返回的情况是少有的。他依然是我行我素，即使是在身体欠佳的情况下，还得别人一再劝说才去找医生。在他 81 岁时患了肺炎，他还坚持用散步的办法治疗，拒绝服药，并顽固地认为睡眠也会治他的不适。

爱迪生仍然对“一切”都感兴趣，充满乐观精神。他开始研究以太，也对原子能有着浓厚的兴趣，不过他最大的兴趣在于橡胶。

1923 年，爱迪生到了佛罗里达，在这次旅行中，爱迪生是有目的的。因为他已经开始着手研究橡胶。这次他带去了实验室中的 7 个助手。临行前，他已经收集了并且实验了 945 种植物，他发现有很多种植物中含有品质很好的橡胶，现在他打算实验更多的植物。

早在 1915 年大战期间，爱迪生在访问植物学家伯班克在圣巴巴拉的苗圃时，就与福特讨论过橡胶供应该如何解决的问题。大战过后，福特将底特律的福特汽车工厂扩充后，邀请爱迪生前往参观。那时福特对爱迪生说："制造汽车的器材，全都可在美国国内生产，只有橡胶需要从英国输入。这对美国确是一个大问题。"福特希望爱迪生研究这一问题。

1927 年，爱迪生已经 80 岁，他接受了福特的建议，成立了爱迪生植物研究公司。他用福特和费厄斯通投资的 9 万美元在迈尔斯堡买了橡胶种植园地，并建起了一座新的实验室。橡胶对爱迪生来说是一项全新的事业。他对朋友说，"我已经研究了 60 年的物理学，而我现在所从事的却是一些全然不同的学科，因此，我觉得很高兴。"

爱迪生对美国橡胶生产有了浓厚的兴趣。他写道："不要以为再也不会爆发战争了，尽管我们可能在相当长的时间里没有战争威胁，但或迟或早欧洲各国会联合起来向美国发动进攻。这时他们要做的第一件事就是切断我们的橡胶供应。”爱迪生又像个小伙子一样，热切投入到橡胶的研究中。

爱迪生心想：“橡胶树以外的植物，没有办法生产同性质的东西吗？橡胶树需要经过那么些年，才能采到橡胶，如果像杂草那样，每年都能采到同性质的东西，那就好办了。”他认为，首先应将北美和南美的植物收集起来，依次采取树液进行研究。

于是，他将聘用的植物学家们派往世界各地去寻找可以提取胶乳的植物。为了满足美国的橡胶的急需，他要求采集的植物的生长期必须很短，“八、九个月就能成熟，并且是用机器收割的、可提供橡胶的植物。取胶工艺也将机械化，尽量少用手工劳动。”

要达到这样的要求谈何容易。爱迪生全身心地扑在橡胶上。爱迪生甚至要求家里人帮忙想办法，他把儿女们锁在房间，一直锁到他们发现了解决办法再放出来。正如爱迪生夫人米娜所说：“在最后几年中他的兴趣是橡胶，家中所有的物件都变成橡胶做的了。我们谈论橡胶——思考橡

胶——梦见橡胶。爱迪生拒绝我们再做其他事，这是因为他觉得他的工作仍未完成。”①

不到一年，被派往世界各地去寻找提取胶乳植物的人采集了约3000种植物回到美国。爱迪生对14000种植物进行分析研究后认为，有几种菊科植物可能符合要求。经过杂交，爱迪生培育了一种高12英尺，含有大量胶乳的植物，他将一批这样的植物送给费尔斯通，费尔斯通用它提炼出的橡胶制作了福特牌旅行车的4只轮胎。不过，使用这种菊科植物提胶，造价太高。爱迪生接下来又考虑如何降低橡胶成本的问题。

1928年，这个老发明家继续努力地实验。当有记者问他什么时候退休时，他说，“我的经验明确告诉我，科学是没有一日休息的。我至少要工作15年，到100岁再退休。我要勤劳地工作，在那个时刻之前我要成就心中所想的一切事情。你们知道，现在我正研究橡胶。但是我在其中遇到的麻烦很多，我还有许多该做的事情。”

不过遗憾的是，1929年，爱迪生82岁的时

---

①[美]弗朗西斯·特里维廉·米勒:《人类惠师爱迪生》，第218页。

候，患上了肾功能失调综合征，他的身体越来越虚弱，只能放弃了橡胶植物的种植研究。虽然此后生产的橡胶已不再是由菊科植物提取，而是合成橡胶，但是爱迪生从野草中提炼橡胶的功绩，受到世人极高的评价。

巨星陨落

1929 年 10 月 21 日，是电灯诞生 50 周年纪念日。邮电部门特别发行印有最初的炭丝电灯的纪念邮票，写着“爱迪生的第一盏灯”。朋友亨利·福特也在自己的家乡为爱迪生建了一座历史博物馆。他还按照门罗公园建筑物原样，重新在密歇根州迪尔本建立起长形实验室，华丽的办公室，低矮的砖构机器厂房，吹玻璃室，烧炭棚，树木以及带红色的黏土，每样东西都和当年门罗公园的情景一样。门罗公园静静地等待着他的主人来旧地重游。

当爱迪生走进复原的实验室时，心情特别激动，一幕幕往事仿佛一瞬间撞进他的记忆。他坐在那里一声不吭，双手交叉，双眼噙满了泪水。直到几分钟后，他才清了清嗓子，对老朋友福特说，整个建筑及其内部陈设准确到了 9/10。福特听了心里颇不是滋味儿，就追问什么地方不对。爱迪生回答说：“我们当时的地板从来没有这样干净过。”

这一天，从华盛顿开出的胡佛总统和夫人的专车也到达了。爱迪生和妻子前往迎接，他们一行乘坐列车前去福特历史博物馆。在短暂的列车旅途中，爱迪生重温了自己童年的生活。他拿着一只列车服务员的篮子，用颤巍巍的声音向他的同行者吆喝着：“糖果——报纸——”。

晚上，大家被安排到“实验室”，观看已经准备好的表演。爱迪生将在这里举行一次他在半个世纪以前关于电灯实验的表演，只是模型比当年稍有逊色。当助手弗兰西斯·杰尔预备好了真空泵。坐在旁边的爱迪生用他苍老但却铿锵有力的声音发出命令，“开始，弗兰西斯。”随着电压的增大，爱迪生起身接通电源。电灯开始发光，并且越来越亮，直到亮如白昼。与此同时，美国数十座城市为纪念爱迪生的功绩而点亮了灯光。

在接下来的宴会上，胡佛总统发表演说：“在我们的国家中，科学家和发明家要算是最可贵的无价之宝了。他们以其创造力和虔诚心逐步地把他们的科学思想化为事实，供给每一个人享用。由于他们的努力促使了我们的进步，这种伟大的贡献是无法估价的。爱迪生先生凭借了他天才的创造从平凡的开端跻入了世界伟大人物之列。他的生活给予了我们一种新的信心。……给予我们以新的力量，加强我们对未来的信念。”①

美国历史上，从来没有一个普通平民享受过如此盛大的致敬集会。宴会上，各式各样的人物——金融家、政治家、科学家、实业巨头、火车站长、大学校长、艺术家、戏剧家——纷纷向他祝贺、欢迎他。

爱迪生在宴会上简短地讲了几句，讲话结束时他向亨利·福特致意。爱迪生说：“我只能用一句含义最完全、最恰当的话告诉大家——他是我的朋友。祝诸位晚安。”这位发明达人，或许因为兴奋和疲倦，脸色突然骤变，直到胡佛总统的医生为他注射一支强心剂。他的情况才渐渐好转。

迪尔本之行后，爱迪生的身体越来越虚弱。即便如此，他依然念念不忘自己的事业。1931

①李云玲:《爱迪生的故事》,第159页。

年，美国正值经济大萧条。6 月，当爱迪生知道大西洋在举行电灯会议时，他还发了一份热情洋溢的祝贺电报，他鼓励电灯会的代表们，“要勇敢些。我经历过漫长的岁月，见证了历史的不断重演——美国工商业历经多次经济萧条，但是每一次萧条过后，都会变得更加强大、繁荣。你们一定要像你们的父辈一样坚定信念、勇往直前。”

这是爱迪生生前拍发的最后一纸电报。

7 月，他到加州的橡胶栽培实验场，还很有信心地对在实验场工作的同事们说，“再过 5 年，美国所需的橡胶就不需要从外国输入了。”

8 月 1 日，爱迪生病情急转直下。医生诊断后，发现他身患布莱特症、尿毒、糖尿病等多种恶疾，推断他支持不了多少天。不过，一辈子与发明物拼意志的爱迪生这一次与疾病们拼起了意志，他坚强地度过了这一次的危险期。过了几天，他还恢复了每天下午开车遛弯的习惯。

9 月初，疾病再次反扑而来，爱迪生又进入危险期，但他再次顽强地度过险期。不幸的是，病情又很快恶化。10 月 4 日，医生断定无力回天。爱迪生的病情牵扯着全世界关心他的每一个人：教皇发来两封电报询问他的健康状况；胡佛总统每天打电话询问爱迪生的病情；每天每时都有世界各地的人到医院探望他；慰问信和电报从世界各地像雪片一样地飞寄到爱迪生的病房。有的商会还决定将10月4日作为爱迪生康复日，为他祈福。

爱迪生陷入了昏迷状态。9天后，1931年10月18日，星期日的凌晨3点24分，发明达人爱迪生走完了84年的伟大人生旅程。临终时他说："我为人类的幸福，已经尽了心力，没有什么好遗憾的了！"

3天后的10月21日傍晚，爱迪生的遗体安葬在靠近他在西奥兰治家的大橡树下。

消息传出，人们陷入了极度的悲哀之中。唁电像雪片般从美国各地、从世界各国飞来，与此同时，爱迪生的家属和美国白宫也收到了数以千计的有关怎样纪念爱迪生的各种建议。大家接受了爱迪生的德国传记作家埃米尔·路德维格的主张：全美各地熄灭电灯一分钟，以示哀悼。

在这一分钟之内，芝加哥、加利福尼亚、丹佛、纽约，整个密西西比河一片黑暗。纽约百老汇一片黑暗，世界一片黑暗。接着，从东海岸到西海岸，从城市到乡村，灯火通明，亮如白昼，

世界一片光明。

人们纷纷为爱迪生献上追悼和赞辞。“所有的美国人都是爱迪生的受惠人！我们不仅生活上接受他的恩惠和利益，最重要的是我们继承了他的精神遗产！爱迪生从报童、电信报务员干起，最后，他却以人类的指导者结束辉煌的一生。爱迪生个人的信念，就是我们后世取之不尽，用之不竭的精神宝藏！”① 这是胡佛总统的话，最令人感动，也准确表达出所有人对爱迪生的纪念和感谢之情。

永不消失的光辉

爱迪生逝去了，但他的贡献永在，他的精神永在，犹如永不消失的光辉。

爱迪生是美国人的骄傲。毫不夸张地说，爱迪生是美国技术独立发展转折的一个标志性人物。在他之前，美国的技术基本上是照搬欧洲的，爱迪生的发明，让美国在技术上越来越有自己的话语权。1922 年，美国国会统计，爱迪生的发明帮助美国政府在 50 年内的税收增加了 15 亿

①李云玲:《爱迪生的故事》,第 162 页。

美元。他的好朋友福特的评价颇为中肯："美国之所以是世界上最繁荣的国家，是由于美国有一个爱迪生。"

不仅在美国，在世界上爱迪生的创造发明都产生了很大影响。1928 年一份更加系统、全面的调查表明全世界各个领域——电报、电话、电灯、电车、电影、电力输送、钢筋水泥、蓄电池、电气设备等的发展都受惠于爱迪生的发明，而且这一受惠数目是庞大的，据统计约有 157.25 亿美元之多。爱迪生对于现代工业文明的贡献，由此可见一斑。

全世界永远不会忘记像爱迪生这样造福于人类的伟人，他对人类做出的重大贡献将永垂史册。

不独独是爱迪生的科学创造造福于人类，爱迪生对科学的更大贡献还在于他的科学精神和科学思想，他认为"科学总是不断进步的。"他还以自己的不懈行动向人们表明："具有献身精神的研究家们，通过集体或个人的努力，必定能够使人类的视野变得更加开阔。"

爱迪生语录

失败者的一大弱点在于放弃，成功的必然之路就是不断地重来一次。

天才就是1%的灵感加上99%的汗水。想象力引发构想，而知识实现构想。

读书对于智慧，也像体操对于身体一样。

遇到困难时，我决不灰心……成功的三个条件是勤勉、努力和尝试。

要成功，首先必须立定目标，然后集中精神向目标迈进。

我一天也不能放弃工作，因为我所做的每一件事情都令我感到很愉快。

几乎所有的人都在他们的构想达到极限时，会丧失继续创作的毅力，其实这才是真正的开始。不下决心培养思考的人，便失去了生活中的最大乐趣。

自己能力所及的事能完全做到的话，其结果将会令人感到非常惊讶。

做了许多的实验，只要有一个实验成功就好了。

伟大的人物明显的标志，就是他坚强的意志。

不管你做什么，要么就做出辉煌的成就，要么就辉煌地失败。

必须敢干，才有进展。我们的电灯系统并不是空想，也不是莽撞。

失败也是我所需要的，它和成功对我一样有价值。只有在我知道一切做不好的方法以后，我才知道做好一件工作的方法是什么。不断地寻找自然的秘密，并利用它来造福人类，而且一切都应当朝着光明的一面迈进。

好动与不满足是进步的第一必需品。

我们常常不能看透的事，终究可以做到。

任何困难都有解决的办法。

我极端重视由斗争得来的经验，一个人要先经过困难，然后踏进顺境才会觉得受用、舒服。

既然在寻找世界上需要的东西，我就一直地寻找下去，并且试着创造它。我只希望把一件事做到成功，很少想到怎样从中获得金钱。

不懈奋斗的人们在临终之际，若能把狂热的精神留给子孙，那就留下了无价之宝。

人生太短暂了，事情是这样的多，能不兼程而进吗？

性格的培育是教育的主要目的，虽然它不能算是唯一的目的。

书籍是天才留给人类的遗产，世代相传，更是给予那些尚未出世的人的礼物。

友谊能增进快乐，减轻痛苦；因为它能倍增我们的喜悦，分担我们的烦忧。

世间没有一种具有真正价值的东西，可以不经过艰苦辛勤的劳动而能够得到的。

要替别人寻找借口，但千万不要替自己找借口。

虚伪及欺诈是一切罪恶之母。

如果你希望成功，就以恒心为良友，以经验为参谋，以谨慎为兄弟，以希望为哨兵吧。

每一个人都会开列出一张长长的清单，要求他的朋友应具备哪些美德与良好品格，但却很少有人愿意照着自己的清单去培养自己的品德。